U0129980

20世纪80年代
台湾社会运动研究

王海亭◎著

九州出版社 JIUZHOUPRESS | 全国百佳图书出版单位

图书在版编目（CIP）数据

20世纪80年代台湾社会运动研究 / 王海亭著. —— 北京：九州出版社，2023.10
ISBN 978-7-5225-2517-4

Ⅰ．①2… Ⅱ．①王… Ⅲ．①社会运动－研究－台湾－现代 Ⅳ．①D675.8

中国国家版本馆CIP数据核字（2023）第230727号

20世纪80年代台湾社会运动研究

作　　者	王海亭　著	
责任编辑	郝军启	
出版发行	九州出版社	
地　　址	北京市西城区阜外大街甲 35 号（100037）	
发行电话	(010)68992190/3/5/6	
网　　址	www.jiuzhoupress.com	
印　　刷	北京九州迅驰传媒文化有限公司	
开　　本	720 毫米 ×1020 毫米　16 开	
印　　张	9.75	
字　　数	180 千字	
版　　次	2023 年 12 月第 1 版	
印　　次	2023 年 12 月第 1 次印刷	
书　　号	ISBN 978-7-5225-2517-4	
定　　价	52.00 元	

序　言

20 世纪 80 年代，国际社会风云变幻，世界格局处于大动荡的前夜，各种矛盾相互交织并不断集聚，美苏全球争霸态势从互有攻守转变为美攻苏守，冷战后形成的两极格局行将终结。在此背景下，东西方两大板块之间的碰撞、交融、渗透渐次加深，意识形态领域的斗争暗流汹涌，社会价值观发生西化的趋势有所抬头，全球"结社革命"迅猛发展，世界各地涌现出一大批非政府组织，新兴社会运动蓬勃发展。

具体就台湾地区而言，由于工业化进程的完成，台湾社会经济结构和阶级结构发生了深刻的变化，国民党当局对台湾社会的控制力逐渐下降，政治民主化诉求被提上日程。剧烈的社会变革，为台湾社会运动的兴起和发展提供了前所未有的活动空间和发生可能性。

20 世纪 80 年代在台湾兴起的社会运动，类型众多，涵盖了消费、环保、性别、阶级、阶层、族群、特定社会群体、人权和社会福利等多个领域，几乎整个台湾社会所有的阶级、阶层和群体都参与进来。这波持续十年、风起云涌的集体抗议行动，对台湾社会的转型和台湾政治生活的自由化及民主化进程产生了深远影响，被誉为台湾社会运动发展史上的"黄金十年"。

本书选取 20 世纪 80 年代台湾最具代表性的七种社会运动作为研究对象，在探讨台湾社会运动兴起的历史背景基础上，概括阐述 20 世纪 80 年代台湾社会运动的历史过程和主要内容，分析台湾社会运动的组织、参与群体、抗争策略和方式，归纳台湾社会运动的类型和特征，最后对 20 世纪 80 年代台湾社会运动的功能进行综合评估，并在此基础上指出影响其发展的内、外困境。

研究发现，经过为期十年的社会运动实践和训练，台湾已经进入一个运动社会当中，社会运动成为台湾民众日常生活的一部分；社会运动中涌现出的大量社会运动组织，作为沟通官方和民间社会的桥梁纽带，为台湾市民社会的形成提供了历史条件；社会运动还提升了台湾民众的权利意识和民主思维，推进了台湾社会的自由化进程；在社会运动为台湾社会发展变迁提供动力、累积资源和凝聚共识的同时，政治反对力量将其视为一种获取政治资源的工具，部分程度地攫取了 20 世纪 80 年代台湾社会运动的成果。

在梳理学术界现有研究成果的基础上，将 20 世纪 80 年代台湾社会运动作为一个横断面，综合考察其发展的历史过程，有助于从整体上研判台湾社会十年间所发生的显著变化。特别是对 20 世纪 80 年代台湾社会运动的组织、参与群体、抗争策略、类型和特征的深入分析，有助于厘清十年来台湾社会所发生的林林总总的社会运动之间的相互关联及其发展逻辑。在此基础上，进一步剖析 20 世纪 80 年代台湾社会运动的功能和困境，对了解台湾社会运动发展的趋势和未来走向也具有一定的现实参考价值。

2021 年 3 月

目 录

序 言 ……………………………………………………………………… 1

绪 论 ……………………………………………………………………… 1

  第一节 问题的提出及意义 …………………………………………… 1

  第二节 学术史回顾 …………………………………………………… 4

  第三节 概念的界定 …………………………………………………… 11

  第四节 研究理论与方法 ……………………………………………… 13

  第五节 本书结构和主要内容 ………………………………………… 14

第一章 20世纪80年代台湾社会运动兴起的历史背景 ………………… 16

  第一节 台湾人民反侵略传统和反对国民党独裁的行动精神 ……… 17

  第二节 台湾的工业化进程及其影响 ………………………………… 21

  第三节 台湾社会结构的变化与社会力的成长 ……………………… 26

  第四节 国民党威权体制的松动和社会控制能力的下降 …………… 29

  第五节 台湾外围环境的变化 ………………………………………… 31

第二章 20世纪80年代台湾社会运动的兴起与发展 …………………… 35

  第一节 台湾社会运动的兴起（1980—1982）……………………… 36

  第二节 台湾社会运动的成长（1983—1986）……………………… 48

  第三节 台湾社会运动的深化（1987—1989）……………………… 58

第三章　20 世纪 80 年代台湾社会运动的组织、策略、类型和特征 ………… 82

第一节　20 世纪 80 年代台湾社会运动的组织和参与群体分析 ………… 82

第二节　抗争策略的变化 ………… 89

第三节　20 世纪 80 年代台湾社会运动的类型和特征 ………… 93

第四章　20 世纪 80 年代台湾社会运动的功能和困境 ………… 103

第一节　20 世纪 80 年代台湾社会运动的功能 ………… 103

第二节　20 世纪 80 年代台湾社会运动的困境 ………… 108

结　论 ………… 112

附　录 ………… 116

附录一　20 世纪 80 年代台湾社会运动大事纪略 ………… 116

附录二　大里"反三晃"运动记事表 ………… 123

附录三　"反六轻"运动大事记 ………… 131

参考文献 ………… 134

绪　论

第一节　问题的提出及意义

"板凳要坐十年冷，文章不写一句空"，这是我进入大学从事历史专业学习时老一辈学者们的谆谆教导。在坐冷板凳阅读历史文献的过程中，阅读者会对阅读的史料逐渐有所感悟并随之产生一定的问题意识。随着研究的深入，问题会越来越清晰，读史者会慢慢抓住一条线索，经由一定时间的酝酿，进而开始提笔为文。良好的开端是成功的一半，一部有质量的书稿也必须有一个有意义的选题。本书的选题过程其实就是笔者由对台湾史感兴趣转而研习台湾史的过程。在研读台湾历史的过程中，笔者最直观，也是印象最深的感受就是台湾人民具有强烈的抗争精神和优良的反抗传统。这也是促成本书写作的一个最直接的动因。

台湾自古以来就是中国的固有领土。历史证明，中国人最早发现台湾，并且最早移居和开发台湾。不仅如此，中国政府也是最早经营台湾，并在台澎地区派兵戍守和设立行政机构，行使对台湾的管辖权。[①] 到了明朝时期，台湾地区已被正式列入军事防卫区域，成为中国海防的战略要地。[②] 但是由于明朝政府中后期海禁政策的反复和西方航海技术的发展、新航路的开辟，台湾日渐成为中国海盗集团和西方殖民者进行贸易的中转站，而后很快引起外国殖民者的

---

① 学界一般认为，中国自汉代以来就开始了有文字记载台湾的历史。厦门大学李祖基教授经由考证，认为《尚书·禹贡》中提到的"岛夷"指的就是台湾的少数民族，将中国对台湾的文字记载历史提前至战国时期；中国政府对台湾的最早经营可以追溯到三国时期，《三国志·吴书·吴主权传》中对此有所记载；中国政府在台澎地区设立行政机构和中国人移居开发台湾最早始于宋元时期，有多种历史史料可供证明。以上观点具体可参见陈孔立主编《台湾历史纲要》（北京：九州出版社 2008 年版）、林仁川《大陆与台湾的历史渊源》（上海：文汇出版社 1991 年版）和李祖基《台湾历史研究》（台北：海峡学术出版社 2008 年版）等书。

② 李祖基：《台湾历史研究》，台北：海峡学术出版社，2008 年版，第 22 页。

觊觎。① 近代以来，台湾先后被荷兰殖民者和日本殖民者所侵占。在荷兰殖民统治台湾的 38 年（1624—1661）和日本殖民台湾的 50 年（1895—1945）当中，台湾人民遭受到外来殖民者的残暴统治，身心受到极大创伤。尽管如此，台湾人民一直没有停止过反抗外来殖民者的斗争。在荷兰殖民统治时期，台湾民众先后发动数次武装斗争以反抗荷兰人的统治，1652 年的郭怀一起义可为其代表；在被日本半个世纪的殖民过程中，台湾人民仍然多次持续掀起形式各样的斗争或抗争。西来庵事件（1915）、议会设置请愿运动（1921—1934）、台湾文化协会前期的理性启蒙运动（1921—1927）和雾社起义（1930）等不同形式的反抗斗争，都直接显示出台湾人民的反抗精神及其背后所蕴藏着的力量。1945 年台湾光复后，台湾重新回到祖国的怀抱。然而，国民党政权对"二二八事件"的直接镇压和"戒严"体制的实行，严重打击了台湾民众的政治热情和社会积极性。在军警和特务机关的严密控制下，台湾进入国民党威权统治时期。人们没有言论自由，不能妄议时事，稍有不慎就会招致非命。然而，即使是在这样的非常时期，台湾社会内部也曾发出过不同程度的抗争声音。20 世纪 50 年代中后期由雷震等一批从大陆赴台的自由主义知识分子创办的政论性杂志《自由中国》，鼓吹西方的民主自由思想和宪政主义，批评国民党的独裁专制统治；1971年改组后的《大学杂志》和 1975 年创刊的《台湾政论》杂志，使得台湾知识分子再度集结，把关注的目光重新投入严峻的政治现实，并挑战固有的言论禁忌；1979 年党外人士以《美丽岛》杂志社为大本营，组织和发动群众开展纪念世界人权日的集会游行活动，将党外运动推向高潮；进入 20 世纪 80 年代，由于社会的转型和开始"解严"，台湾人民又一次走上历史舞台，以社会运动的形式来维护自身的正当权益和追求更加美好的生活。凡此种种都是台湾人民追求自由、民主社会的有力证明。台湾近代以来的历史发展充分证明，台湾社会在面对外来殖民侵略和国民党对内独裁统治的不同历史过程中，已经形成了民间抗争的历史传统。回顾台湾历史，也是重温读史者的内心感悟。台湾人民所具有的不畏强权的抗争精神和由此带来的坚毅行动力，让笔者不禁感慨。

除了上述最直接的历史感悟促成笔者决定本书的选题外，还有两个方面的

---

① 在荷兰人进占台湾之前，西班牙和日本都试图侵占台湾。1582 年，一位西班牙船长经过台湾，将台湾称为"福尔摩莎"（Hermosa，即英文之 Formosa）；1593 年，日本丰臣秀吉派军到菲律宾要求西班牙总督纳贡，并在途经台湾时要求台湾少数民族纳贡；1596 年，西班牙派两艘兵船侵犯台湾，遇逆风后无功而返。

问题也必须解释清楚。那就是，为什么要选择 20 世纪 80 年代作为本书研究的历史时段和为什么要选择社会运动作为本书的研究对象。一方面，20 世纪 80 年代无论是在世界史还是在台湾史上都占有非常重要的地位。从世界史的角度来看，在 20 世纪 80 年代欧美等发达国家和地区大多转向后工业社会，但工业化的负面影响促发了许多新生社会问题的出现。为解决这些社会问题，新兴社会运动遍及欧美。比如，在美国就有因人权问题和环保问题而兴起的议题多样的社会运动；由于冷战的影响，东欧社会主义阵营内部经济发展困难，人民生活社会福利低下，苏联也面临着解体的威胁；在东亚和南美，韩国、菲律宾和墨西哥等国家也面临第三波民主化浪潮的影响，国内政治体制面临转型。具体就台湾地区而言，20 世纪 80 年代的台湾正面临着社会的转型。经过 20 多年的工业化发展，台湾在实现经济起飞的同时，也出现了很多的社会问题，诸如食品安全、环境污染等社会问题层出不穷。同时，劳工阶级的迅速成长和中产阶级的出现，在很大程度上改变了台湾的传统社会结构。与经济的迅猛成长和新兴阶级的出现并逐渐壮大相呼应，党外反对运动在 20 世纪 80 年代中后期也向国民党政权发起新一轮的冲击和挑战。在社会转型背景下，政治发展如何与经济成长和社会结构变迁相适应，成为台湾社会必须应对的严峻课题。另一方面，20 世纪 80 年代在台湾兴起的社会运动风潮，是当时台湾社会最为显著的一个特征。选取社会运动作为考察对象，也是近距离观察台湾社会转型期间公权力机构与社会关系及其互动的一个独特视角。社会运动因何发生、怎样进行、影响如何？在和公权力机构的互动过程中，社会运动会对公权力机构的公共政策产生什么样的影响，对政治生态造成怎样的改观？社会运动和自由化、民主化之间有什么因果联系？这些都是有待深入探讨的问题。

选题的必要性决定了该项研究的意义。本书的选题意义主要有以下三个方面：

第一，理论上的意义。通过本书的综合性研究，首先可以大致考察台湾社会运动的发展轨迹、组织作用、策略、类型、功能和特征，并在此基础上找寻其内在规律性。其次，通过对台湾社会运动的研究，也可以发现台湾社会运动与西方的社会运动之间的区别和联系，进而试图探索适合台湾本土社会运动的理论而非仅仅借用西方相关社会运动理论来分析台湾的社会运动。最后，社会运动与公权力机构、政党和社会阶级之间的关系也是值得探讨的重要内容。

第二，实践上的意义。研究 20 世纪 80 年代台湾的社会运动可以为东亚其他处在社会转型期的地区提供一定的示范样本和参照模式。人民主权原则是近代以来全球范围内的基本共识。基本上，世界各国各地区的宪法、法律和法规都不同程度地赋予了人民享有自由的权利。人民通过合法的渠道把自身的不满和诉求以理性的方式表达出来，这根本无可厚非。但对处于社会转型期的政府或地区来讲，如何看待人民群众发动的社会运动，怎样处理政府和社会运动间的关系，怎样以最低的成本、温和理性的方式保证人民在政治生活当中的基本自由和权利，而又不使政府和社会发生动荡，这是每一个社会都有可能面对甚至必须面对的重要课题。

第三，学术史上的意义。本书的研究通过搜集、整理大量不同类型社会运动的基本资料，对 20 世纪 80 年代台湾社会运动的基本脉络进行了梳理，为后来研究者提供了一定的历史资料；同时，本研究在对 20 世纪 80 年代台湾社会运动的定义、分类、发展阶段、动员方式、抗争策略和运动特征等方面的研究，也具有一定的独立认识和看法；最重要的是，本书的研究得出了一个基本的结论，那就是台湾的社会运动是台湾民众在自我阶级、性别或权利意识觉醒后为了维护自身正当权益而开展的集体抗争，社会运动对于社会变迁和民主政治发展具有一定的促进作用。但是为了避免社会运动资源被其他政治团体或政党组织所操控或利用，社会运动组织应该尽可能保持自身的独立性和纯洁性。

第二节　学术史回顾

在介绍 20 世纪 80 年代台湾社会运动研究之前，首先有必要对目前社会运动研究领域的各种理论做一历史性描述。社会运动研究是西方社会学研究的一个分支，欧美等国的众多学者对社会运动的理论研究做出了重要贡献。简单来说，社会运动理论主要集中在分析社会运动如何兴起、怎样发展和后果影响这几个方面。目前为止，西方社会运动研究主要形成了美国的实证主义路线和欧洲的历史哲学传统路线，先后出现了六种研究社会运动的理论范式，分别是崩溃理论、资源动员理论、政治过程理论、社会建构论、马克思主义模型和新社会运动理论。① 具体就台湾的社会运动研究而言，台湾学者基本上是在上述几种社会运动理论（特别是资源动员理论和政治过程理论）的指导框架下进行，且多集中在对社会运动兴起的结构性因素的探讨方面。近年来有部分青年社会学者开始以新社会运动理论为支撑，对台湾社会运动的结果、意义进行探讨，但为数不多。由于 20 世纪 80 年代台湾所发生的社会运动不下十起，本书不能完全兼顾到每一种社会运动，因此笔者选择了在这十年间最具代表性的七种社会运动作为研究的重心，以求尽可能全面、准确地反映出 20 世纪 80 年代台湾社会运动的基本轨迹。下面对本书选取的这几种社会运动的研究做一个学术史的回顾。

（一）研究台湾社会运动的专著

台湾学界特别是社会学研究领域早在 20 世纪 80 年代末期就展开对 20 世纪 80 年代初期兴起并蓬勃发展的社会运动的研究工作。截至目前，专论台湾社会运动的著作为数不多。1989 年出版的"台湾新兴社会运动研讨会"论文集《台湾新兴社会运动》是系统介绍 20 世纪 80 年代台湾社会运动的第一部专著。该书主要对 20 世纪 80 年代台湾新兴社会运动兴起的结构因素和整体框架进行探讨分析。高承恕指出，"任何的社会运动都不是在一真空状态中形成与运作，它

---

① 美国的实证主义路线包括 20 世纪 70 年代之前出现的崩溃理论和之后出现的资源动员理论、政治过程理论，以及 20 世纪 90 年代以来形成的社会建构论；欧洲的历史哲学传统路线则包括 20 世纪 70 年代之前的马克思主义模型和之后兴起的新社会运动理论。集中在崩溃理论标签下的理论复杂多样，但它们或多或少都认为社会运动是社会变迁的附带现象，是由与社会变迁相伴的社会安排和连接的崩溃导致的。该理论认为挫折感、被剥夺感和社会危机感会自然诱发社会运动，参与社会运动的人都是非理性的，其代表人物有勒庞、斯梅尔塞等；资源动员理论从奥尔森"集体行动的逻辑"出发，把社会运动的参与者定义为"理性经济人"。其代表人物麦卡锡和扎尔德认为，社会紧张与结构冲突是普遍存在的现象，并不足以解释集体行动出现的原因。他们更关心人们的不满情绪是如何转化成社会运动的，通过对 20 世纪 60 年代美国社会运动的考察，他们认为专业化和资源动员是美国社会运动的发展规律；政治过程理论在接受理性选择的基本假设前提下，也同时认为政治权力关系的不对称使得社会运动的参与者处在被排斥和边缘化的地位。该理论强调政治机会、社会运动组织和社会运动的意识形态、话语在社会运动产生和发展中的作用，代表人物为蒂利和麦克亚当；社会建构论也被称为社会运动的心理学派，其核心议题是意义的建构、意识的提升、对符号的操控以及集体认同感如何引发社会运动；马克思主义模型从马克思的阶级分析方法入手，强调阶级意识在社会运动形成过程中的重要作用，代表人物有马克思、卢卡奇、葛兰西和汤普森等；新社会运动理论的代表人物有图海纳、哈贝马斯等。图海纳把新社会运动的兴起和后工业社会的出现联系起来，认为新的社会类型为社会冲突和社会运动提供了新的文化和场域，哈贝马斯把社会分为系统和生活世界两个部分，他认为生活世界的殖民化是合法性危机的根源，提供了社会运动所涉及的不满和紧张，而新社会运动则代表着重建濒临危机的生活世界的自卫性努力。

必是源自既存的制度化结构，而又作用于此结构，以期既存结构之改变"①；萧新煌认为，台湾新兴社会运动是"近十年来民间'社会力'逐渐形成后对'政治力'和'经济力'的一种抗争的表现，更是一种对过去十年来政治力与经济力过分膨胀其支配力的'反弹'"。②张茂桂《社会运动与政治转化》以资源动员论的视角探讨了如消费者运动、环保运动等 20 世纪 80 年代台湾社会运动中的八种社会运动，并以此为基础，重点讨论了社会运动与政治转化之间的关系。作者认为，社会运动作为一种"受排斥团体运动"的兴起，大多时候是因为运动以外既得资源的投入。③张茂桂、郑永年主编的《两岸社会运动分析》对海峡两岸的社会运动与大众抗议进行了讨论分析。在探讨 20 世纪 80 年代台湾社会运动的文章中，除了汪明辉用长时段历史分析的方法探讨台湾少数民族运动以外，其余几篇都关注到"政治民主化与社会运动"的共同话题。顾忠华认为台湾的新兴社会运动"在经过街头抗争的阶段后，大多转向以'机构化'的方式延续对议题的关心，并保持着动员能量"；④何明修认为台湾环境抗议的兴起伴随着政治体制的转型，逐步从"威权主义"转化成"民主政体"；范云借由系统性地调查运动者的运动参与生涯，试图对运动者与政治机会的关联性建立一套新的理论构架。何明修、萧新煌著《台湾全志·卷九·社会志社会运动篇》⑤比较系统地处理了社会运动如何集结、推动社会多元化和政治民主化，归纳了台湾社会运动自战后以来的发展，并着重将 20 世纪 80 年代迄今台湾的社会运动分为五个阶段⑥进行透视分析。该书虽然对台湾社会运动的历史过程叙述不够全面和完整，但它为后来的研究者搭建起了台湾社会运动的基本框架。何明修、林秀幸主编的《社会运动的年代》更多把关切的重点放在社会运动的后果、台湾本土社会运动的特殊性和作为社会运动的共同语言——民主的研究上。通过研究，学者们发现 20 世纪 90 年代以来台湾的社会运动发生了如下的改变：动

---

① 徐正光、宋文里合编：《台湾新兴社会运动》，台北：巨流图书公司，1989 年，第 9 页。

② 徐正光、宋文里合编：《台湾新兴社会运动》，台北：巨流图书公司，1989 年，第 44 — 45 页。

③ 张茂桂：《社会运动与政治转化》，台北：业强出版社，1994 年，第 41 页。

④ 张茂桂、郑永年主编：《两岸社会运动分析》，台北：新自然主义公司，2003 年，第 24 页。

⑤ 何明修、萧新煌：《台湾全志·卷九·社会志社会运动篇》，南投："国史馆"台湾文献馆，2006 年。

⑥ 五个阶段分别是：迈向软性威权政体时期（1980—1986 年）、政治自由化的冲击（1987—1989 年）时期、大抗争的年代（1990—1992 年）、民主化的时期（1993—1999 年）和政党轮替后的社会运动时期（2000—2004 年）。

员风潮的持续扩散、社会运动的日常化和历史记忆的重建。①萧新煌、顾忠华主编的《台湾社会运动再出发》②一书是对从 2008 年 7 月到 2009 年 5 月召开的台湾社会运动十场专题论坛的总结，分别对当前台湾社会十大社会运动进行诊断和提出未来发展策略。该书是在面临新挑战的情况下，探讨台湾社会运动如何追寻市民社会的新动力，重新检视公权力机构与社会关系的一本建言献策合集。

在社会运动理论介绍与研究方面，苗延威翻译的《社会运动概论》虽说是一本关于社会运动的理论性通著，但是著者严谨的学术态度还是值得赞赏的。作者告诫东亚地区社会运动的研究者：“每个特定的历史与 / 或地域脉络，都需要其特定的概念与‘理论’，而不能借镜于其他脉络中发展出来的概念工具。”③何明修《社会运动概论》是一本导论性质的著作，意图在于“提供各种可以用来考察社会运动的观点”，并“希望借助提供一系列的概念工具箱，协助厘清不同的社会运动面向”④。另外，本书的一个亮点在于，在理论探讨当中列举了一些台湾的社会运动个案及其研究成果，尽可能地让这些抽象的概念融于台湾本土的具体情境当中。

（二）对各项议题社会运动的分类研究文章

消费者运动虽是 20 世纪 80 年代台湾最早发起的社会运动，但对其研究目前为止则相对较少。萧新煌、郑又平、雷倩合编的《台湾的消费者运动——理论与实际》是一本论文、资料合集，主要就消费者运动的社会意义、理论体系及传媒、企业、法律与消费者运动间关系进行了探讨。⑤赖惠美《消费者保护运动及相关法令之研究——20 世纪 80 年代中期以后的发展》主要探讨 20 世纪 80 年代中期以后消费者保护运动的特色、消费者文教基金会在组织运作上的特色和公权力机构对待消费者运动的态度以及消费者在消费者保护运动中所持的态度取向四方面的问题。⑥刘华真《社会组织自我维持的逻辑——消基会、妇女新知个案研究》通过对贯穿于 20 世纪 80 年代的两个重要社会运动团体的个

①　何明修、林秀幸主编：《社会运动的年代》，台北：群学出版有限公司，2011 年。

②　萧新煌、顾忠华主编：《台湾社会运动再出发》，台北：巨流图书公司，2010 年。

③　Donatella della Porta/Mario Diani 合著、苗延威译：《社会运动概论》，台北：巨流图书公司，2002 年，中文版序 iv。

④　何明修：《社会运动概论》，台北：三民书局股份有限公司，2005 年，序。

⑤　萧新煌、郑又平、雷倩等合编：《台湾的消费者运动——理论与实际》，台北：时报文化出版事业有限公司，1982 年。

⑥　赖惠美：《消费者保护运动及相关法令之研究——一九八〇年代中期以后的发展》，台湾师范大学硕士论文，1995 年。

案研究，探讨社会运动组织自我维持的逻辑。作者指出，与媒体的大力结合和公权力机构对消费者议题的默许态度是消基会取得其正当性的主要原因。[①]

王雅各《台湾妇女解放运动史》是截至目前专论台湾妇女运动的一部著作。作者以妇女团体为线索，历时性地介绍并分析了 20 世纪 80 年代前后台湾妇女运动的发展。作者认为，台湾妇女运动在 20 世纪 80 年代开始奠基，20 世纪 90 年代开始成长并走向成熟。[②]范碧玲主要对 20 世纪 80 年代台湾两类性质不同的妇女团体进行了比较研究。作者认为，随着 20 世纪 80 年代台湾威权统合体制的转化，台湾妇女体制也随之相应发生了一定的转化。统合化妇女团体和民间自发性妇女团体的同时存在造成了台湾妇女体制呈现出双元性的局面，在诉求策略和关心议题方面也呈现出多元性。这两种妇女团体的两大系统各自独立运作，呈现出一种双元且互为区隔的关系模式。虽然如此，但毫无疑问地，"不论在组织的社会基础，或可用的社会资源方面，统合化妇女团体仍较民间自发性妇女团体占优势"[③]。

在台湾少数民族社会运动研究方面，目前为止，成果相对较少。田哲益的《台湾原住民社会运动》[④]一书比较系统地介绍了 20 世纪 80 年代以来台湾少数民族社会运动的发展历程。作者对各种议题的少数民族社会运动进行了资料的梳理工作。从作者的思路可以看出，台湾少数民族所开展的一系列社会运动，无论是最初的"正名运动"，还是最后的"自治运动"，其最终目的都在于追求少数民族的地位平等和权益之保障。钟青柏则通过对"解严"后台湾少数民族先后发动的两次"还我土地"运动的个案研究，借助相对剥夺理论和资源动员理论的概念分析，探讨了这两次运动的形成背景、发生过程和社会影响。文章认为，近代以来台湾政权的转移所造成的自然流失、山地保留政策的缺失，开发与保护政策的两难是造成当代台湾少数民族沦为弱势群体的制度性因素。[⑤]

对台湾环保运动的研究，目前台湾学界主要集中在探讨环保运动和政治发展关系以及对其中某一个案的研究两个方面。《绿色民主：台湾环境运动的研

---

① 刘华真：《社会组织自我维持的逻辑——消基会、妇女新知个案研究》，台湾大学硕士论文，1993 年。

② 王雅各：《台湾妇女解放运动史》，台北：巨流图书公司，1999 年。

③ 范碧玲：《解析台湾妇女体制：现阶段妇女运动的性格之研究》，台湾清华大学硕士论文，1990 年，第 89 页。

④ 田哲益：《台湾原住民社会运动》，台北：台湾书房出版有限公司，2010 年。

⑤ 钟青柏：《台湾先住民社会运动研究——以"还我土地"运动为个案分析》，台湾政治大学硕士论文，1990 年。

究》是何明修在其博士论文基础上修订而成，勾勒、分析并解读从20世纪80年代中期兴起的环保运动的一部专著。作者将台湾环境运动视为"一种追求环境正义的集体行动"。作者认为："环境运动并不是只美化生活、保护自然，而是要求公平分配资源、承认弱势群体生活方式、共同参与环境决策，换言之，环境运动终极目标是环境正义的落实。"① 林丽娟通过对台湾环保运动的分期，主要讨论了台湾环保运动的成长、公权力机构处理环境问题的困境、工厂处理环境问题的态度、民众对环保态度的转变和专家学者在环保运动中的贡献。② 潘惠伶对"反核四"运动的过程进行了梳理并对其运动历程进行了政治学上的分析。文章认为，"反核四"运动虽然经过二十多年的发展，最后走到了"反核公投"的阶段，但是"反核四"运动的目标至今还没有达成；③ 林长瑶通过对宜兰民众反对"六轻"设厂过程的梳理，主要探讨了宜兰"反六轻"运动的组织形态、动员过程和运动特性。④

对20世纪80年代台湾劳工运动的研究，一是在宏观方面探讨工运和公权力机构、资方关系等体制性因素，一是以工会为中心，讨论工会运动的影响。李建昌尝试将20世纪80年代台湾的劳工运动放在宏观的历史—结构层面上，从政治、经济、阶级力量的动态演变入手，综合探讨台湾劳工意识的转变过程和抗争特质的趋势变化。⑤ 梁雅慧的文章跳脱以往将"解严"作为分期指标的传统看法，把战后台湾劳工运动分为三个阶段：禁制时期的劳工运动（1945—1983年）、政治自由化时期的劳工运动（1984—1992年）和迈向政治民主化时期的劳工运动（1993—2000年）。作者通过对公权力机构、政党与工运的关系、工会的发展和劳工运动团体的影响这三个方面的探讨，试图归纳出战后台湾劳工运动发展的大概轮廓；⑥ 李碧玲在比较"解严"前后台湾工会运动发展的基础上，对"解严"后台湾工会运动蓬勃发展的背景因素进行了分析探讨，并对工会运动的影响进行了一定的判断。文章认为，台湾社会发展远落后于经济发展的反弹现象、产职业结构的改变、劳工教育程度的普遍提升、劳工性格的改变、所得分配的平衡恶化和传统伦理观念的解体等因素都是造成"解严"后台湾工

① 何明修：《绿色民主：台湾环境运动的研究》，台北：群学出版有限公司，2006年，序论。
② 林丽娟：《环境问题及其保护运动之研究》，东吴大学硕士论文，1988年。
③ 潘惠伶：《台湾反核四运动历程之政治分析》，台湾大学硕士论文，2007年。
④ 林长瑶：《宜兰反六轻运动的社会学分析》，台湾政治大学硕士论文，1992年。
⑤ 李建昌：《80年代的台湾劳工运动——结构与过程的分析》，台湾大学硕士论文，1998年。
⑥ 梁雅慧：《战后台湾劳工运动研究（1945—2000）》，台湾政治大学硕士论文，2002年。

会运动蓬勃发展的背景因素。①

　　对 20 世纪 80 年代台湾农民运动的研究，台湾学界主要是通过长时段的历史过程对其进行综合评价。吴旻仓《台湾农民运动的形成与发展（1945—1990）》②一文首先对农民运动形成前的酝酿因素进行了分析探讨，认为逐渐疏忽农民利益的农业政策、天然灾害的影响、传统农民组织功能的失调和农民对政治的不满等因素是造成 20 世纪 80 年代农民运动形成的前提条件。潘俊英以 1945 年抗战的胜利作为分界点，把台湾农民运动分为两个大的阶段。通过对不同时期农民运动的主要事件、代表性人物、发起原因、发起团体及其诉求主张、采取活动等方面的对比分析，认为日本殖民时期的农民运动为 20 世纪 80 年代的农民运动埋下了种子；但 20 世纪 80 年代台湾的农民运动由于受到过多的政治操弄而丧失了其自主性。③

　　赵刚和何方的论文是台湾研究无住屋运动论文中较具代表性的两篇。赵刚的文章从理论和实践两个方面对无住屋运动进行了批判性的分析。赵刚认为，在理论层面上，无住屋运动采取诙谐、幽默的后现代抗争方式，实则脱离了当时台湾社会的现实情境；在实践层面上，无住屋运动的组织者忽视了对组织的建设，不能培养草根力量是无住屋运动后劲不足的最根本因素。④何方的文章认为，无住屋运动带有"人民顽斗主义"的色彩，以剑走偏锋的幽默风格和运动策略来争夺对日常生活和文化事物的意义诠释权，是一场群众性的集体运动。但是"顽斗主义"并非万灵丹，它也有可能导致运动的自我颠覆和解构。⑤

　　（三）大陆学界对台湾社会运动的研究现状

　　总体上讲，大陆学者对台湾社会运动的研究关注不多，研究相对比较零散，目前能找到的只有就环保运动、农民运动和妇女运动等几个单一议题的概论性文章。杜强介绍了台湾环保运动的运行轨迹、范式和特色。⑥何海兵对台湾新兴农民运动的兴起因素和发展历程进行了概括性分析。⑦朱云霞、王玉珏对"戒严"时期台湾妇女运动的发生、策略和特征以及女性主义带来的文化冲击做了

---

① 李碧玲：《台湾的工会运动》，《劳工研究》第 97 期，1989 年。
② 吴旻仓：《台湾农民运动的形成与发展（1945—1990）》，台湾大学硕士论文，1991 年。
③ 潘俊英：《台湾农民运动初探（1895—2005）》，台湾师大硕士论文，2005 年。
④ 赵刚：《论现阶段无住屋运动的理论与实践》，《当代》，第 53 期，1990 年。
⑤ 何方：《人民顽斗主义：从无住屋组织的幽默风格谈起》，《当代》，第 53 期，1990 年。
⑥ 杜强：《台湾环保运动研究》，《现代台湾研究》，2007 年第 5 期。
⑦ 何海兵：《试析台湾新兴农民运动》，华东理工大学学报（社科版），2000 年第 2 期。

一定的探讨。① 林小芳概括分析了当代台湾妇女运动的发展历程并讨论了妇女运动与政治之间的关系;② 另外,林小芳《当代台湾女性参政研究》③ 一书对台湾妇女自 1949 年到 2008 年这段时间的参政情况进行了阐述分析,是目前大陆学界关于台湾妇女运动研究的最新成果。

（四）研究动态评述

通过简要的学术史回顾,可以看出,台湾学界对 20 世纪 80 年代台湾社会运动的研究主要集中在社会学领域,而且多侧重在解释台湾社会运动兴起的原因和条件方面,对台湾社会运动的历史过程、功能和历史意义的研究则相对较少;具体而言,台湾学界的研究主要集中在对环保运动、妇女运动、劳工运动和农民运动等四个方面,但对消费者运动、少数民族运动和无住屋运动这三方面的研究则稍显薄弱。另外,台湾学界对台湾社会运动的研究在历史专业领域则为数不多,把 20 世纪 80 年代台湾社会运动作为一个整体进行总体研究尚属空白。而大陆学者对台湾社会运动的研究相对较少,成规模的系统性研究还尚未出现。在本书当中,笔者将在继承两岸学界研究成果的基础上更进一步,对20 世纪 80 年代台湾社会运动进行宏观整体上的把握,同时对具体单一议题的某种社会运动进行更加细致入微的分析和探讨,在梳理 20 世纪 80 年代台湾社会运动的历史脉络同时,更进一步研究它的特征、功能和历史意义。

第三节 概念的界定

对于"社会运动"一词的定义,由于研究者观察视角和所持立场的不同,学界的看法可谓莫衷一是。查尔斯·蒂利曾指出:"没有人拥有'社会运动'这一术语的所有权,不论是社会运动的分析者、批评者,还是社会运动的参与者,都可以按照自己的想法使用这个术语。"④ 作为当代在社会运动研究领域声望最高且最具影响力的学者之一,蒂利把社会运动看作一种"独特的实现大众政治的方式和手段",它"肇始于 18 世纪后期的西欧,在 19 世纪早期的西欧和北美

① 朱云霞、王玉珏:《戒严时期台湾妇女运动的策略及其本土化特征探析》,《现代台湾研究》,2011 年第 2 期。

② 林小芳:《当代台湾妇女运动体制化的困境》,《现代台湾研究》,2011 年第 2 期。

③ 林小芳:《当代台湾女性参政研究》,北京:九州出版社,2011 年版。

④ 查尔斯. 蒂利著、胡位均译:《社会运动,1768—2004》,上海:上海世纪出版集团,2009 年,第 9 页。

获得了广泛的承认，在 19 世纪中期凝结成了综合了诸多要素的稳固的复合体，此后变化趋缓、却从不停顿，最终扩展到了整个西方世界"。蒂利认为，社会运动作为一种政治复合体包含了三方面的要素：（1）针对目标当局开展群体性的诉求伸张运动；（2）进行一连串的诉求表演，其形式包括专项协会、公共集会、媒体声明、游行示威等；（3）价值、统一、规模和奉献的公开表达。在《社会运动，1768—2004》一书中，蒂利把社会运动定义为"是一套独特的、相互关联的、逐渐演化的、历史的政治交互行为和政治实践活动，是运动、常备剧目和 WUNC(worthiness/unity/numbers/commitment)展示的特殊结合体"①。麦卡锡和扎尔德把社会运动定义为"一整套观念和信念，这些观念和信念反映了一定群体想要改变社会结构的某些要素和 / 或改变社会报酬分配的偏好"②；Donatella della Porta 和 Mario Diani 在《社会运动概论》一书中把社会运动定义为一种（1）非正式的网络，（2）以共享的信念和凝聚力为基础，（3）为了某些具有冲突性的议题而展开动员，并且还（4）经常运用各种抗争手段。③台湾社会运动研究专家萧新煌认为："凡是能够找出明显诉求主体和目标的集体抗议行动，且以较有组织的动员方式寻求目标之达成者，才称之为社会运动。但对于即兴之特殊抗议事件或是没有组织化之集体行为则不列入考虑。"④ 在《台湾全志·卷九·社会志社会运动篇》一书中，何明修、萧新煌则把社会运动看作"利益或信念一致的人群发起的共同行动，以非体制内的途径抵抗或推动某一种社会变迁的趋势"。"更进一步说，实际的社会运动经常包括了下列的过程——动员、构框、组织化、政治联盟"⑤；大陆学者赵鼎新在对"集体行动""社会运动"和"革命"进行比较后认为，所谓集体行动（collective action），就是有许多个体参加的、具有很大自发性的制度外政治行为；所谓社会运动（social movement），就是有许多个体参加的、高度组织化的、寻求或反对特定社会变革的制度外政治行为；而革命（revolution），则是有大规模人群参与的、高度组织化的、旨

①　查尔斯. 蒂利著、胡位均译：《社会运动，1768—2004》，上海：上海世纪出版集团，2009 年，第 9 — 10 页。

②　西德尼·塔罗等著、张等文、孔兆政译：《社会运动论》，长春：吉林人民出版社，2011 年，第 31 页。

③　Donatella della Porta/Mario Diani 合著、苗延威译：《社会运动概论》，台北：巨流图书公司，2002 年，第 24 页。

④　徐正光、宋文里合编：《台湾新兴社会运动》，台北：巨流图书公司，1990 年，第 24 页。

⑤　何明修、萧新煌：《台湾全志·卷九·社会志社会运动篇》，南投："国史馆"台湾文献馆，2006 年，第 34 — 35 页。

在夺取政权并按照某种意识形态对社会进行根本改造的制度外政治行为。[①]

纵观西方学者和海峡两岸学者对社会运动的定义，尽管可以看出有很多的不同，但是仔细研究后不难发现，对于社会运动学者们至少有如下几方面的共识：

第一，社会运动是一种制度外的集体性政治抗争活动；

第二，社会运动具有特定的目标或诉求；

第三，社会运动是在一定的社会组织下发展起来的；

第四，公共集会、游行示威等是社会运动常用的抗争手段。

在此基础上，本书对社会运动的定义是：一群具有共同信念的人，在特定组织的策划下，通过运用理念宣导、公共集会、游行示威等一系列抗争手段，为促使或抵制某种社会变迁而长期进行的一项体制外集体行动。

第四节　研究理论与方法

本书在研究过程中将会应用到包括历史学、社会学和政治学等多学科的现有理论成果。在史学理论方面，主要以法国年鉴学派的社会史理论为主，以长时段、总体史、社会史为基本指导；在社会学理论方面，主要是运用到社会运动的相关理论，把崩溃理论、资源动员理论、政治过程理论和新社会运动理论等几种不同的分析社会运动的理论应用到对 20 世纪 80 年代台湾社会运动的分析过程中。如分析台湾社会运动的起源时，会相对侧重于崩溃理论和政治过程理论；分析台湾社会运动的发展过程时，会采用资源动员理论；分析台湾社会运动的结果和社会影响时，则会更多地运用新社会运动理论；在政治学理论方面，主要是把政府和社会的关系理论和博弈理论用来分析台湾 20 世纪 80 年代社会运动的主要背景以及在这个时段里台湾当局和社会之间的互动以及双方之间的博弈过程。

在具体的研究方法上，本书主要采取历史文献分析方法。客观地运用和分析史料是历史研究的基本前提。本书将秉承兰克学派的客观主义史学信条，尽可能采用第一手资料，如实客观地反映 20 世纪 80 年代台湾社会运动的全貌；在叙述方式上，本书采用 20 世纪 70 年代开始的新叙述史学的记述方式："没有

---

① 赵鼎新：《社会与政治运动讲义》，北京：社会科学文献出版社，2006 年，第 2—3 页。

分析的历史叙事是陈腐的，没有叙事的分析是不完善的"，[①] 做到叙述和分析相得益彰；本书还将采用比较分析的方法，对不同时段、不同类别的社会运动进行比较分析；定量和定性的分析方法也是本书需要采用的方法之一。20 世纪 80 年代台湾发生的社会运动种类较多，不同年份发生的社会运动数量和性质都不尽相同，因此定量的分析方法就尤为重要。对不同社会运动进行分析，最终的结果是要找寻其间的某种内在规律联系性，这时就要用到定性的分析方法。

理论是指导，方法是手段。总的来说，本书将使用不同学科的不同理论，综合指导，以历史分析方法为主，同时技术性地采取其他类别的不同方法，为本书的研究提供帮助。

第五节　本书结构和主要内容

本书共分为六个部分。第一部分和第六部分分别是绪论和结论，第一章到第四章则是对 20 世纪 80 年代台湾社会运动的历史背景、发展过程和组织、参与群体、抗争策略、类型、特征以及功能和困境的分析、总结和探讨，这是本书的主体部分。现分述如下：

绪论主要交代本书的选题动机和意义，进行学术史的回顾，介绍研究所采取的理论、方法和使用资料，阐述创新与不足以及对社会运动的概念进行界定，这是本书得以开始的基础。

第一章全方位、立体式地分析和探讨 20 世纪 80 年代台湾社会运动兴起的历史背景，分别从历史传统、经济发展、政治转型、社会结构变迁和外部环境的影响等五个方面来综合讨论。

第二章则是整体叙述和概况 20 世纪 80 年代台湾社会运动的基本过程和主要内容。

第三章重点剖析 20 世纪 80 年代台湾社会运动的组织、参与群体、抗争策略、目标诉求、类型和特征。

第四章展开对 20 世纪 80 年代台湾社会运动的功能和困境的分析和探讨。这十年间所发生的社会运动究竟对台湾社会的整体发展起到什么样的作用，社会运动在发展当中面临哪些因素的干扰，都必须进行深刻的总结和反思。

---

① 张广智、张广勇合著：《现代西方史学》，上海：复旦大学出版社，1996 年，第 22 — 23 页。

　　最后的结论部分指出，经过十年时间社会运动的实践和演练，台湾已经进入一个运动社会当中。20世纪80年代台湾社会运动为台湾市民社会的兴起提供了历史条件，对台湾民众社会意识和民主观念的觉醒和萌芽起到了一定的推动作用。到了"解严"之后，台湾社会运动的政治性特征越来越浓，民进党通过一定的运作，部分程度上攫取了社会运动所带来的政治资源。但是，无住屋运动的兴起带来了社会运动的新模式，也预示着台湾社会运动未来的制度化转型将成为可能。

第一章 20 世纪 80 年代台湾社会运动兴起的历史背景

　　20 世纪 80 年代台湾社会运动风起云涌，因其参与群体空前广泛，发生类型各种各样，活动空间波及全台，社会影响持续至今，故而被称为台湾社会运动的"黄金十年"。据不完全统计，20 世纪 80 年代台湾发生的社会运动种类不下 10 余种，包括消费者运动、环保运动、少数民族运动、劳工运动、农民运动、学生运动、妇女运动、老兵运动、"新约教会"抗议运动、教师人权运动、客家人权益运动和无住屋运动等。本章从大历史的角度综合探讨 20 世纪 80 年代台湾社会运动兴起的历史背景。台湾之所以在 20 世纪 80 年代出现了风起云涌的社会运动风潮，首先要从台湾历史中的反抗外来殖民侵略的传统和反对国民党独裁统治的行动精神来进行探究。反对外来侵略的传统塑造了台湾人民勇敢坚强、百折不挠的反抗意识和斗争精神，反对国民党的独裁统治体现出台湾人民挺身而出、追求自由民主的行动意志；其次，战后台湾工业化的完成在提升经济成长、奠定坚实物质基础的同时，也带来了许多的社会问题。随着新兴社会阶级的出现，台湾传统的社会结构得以改变，民间社会力也随之增强。在新兴中产阶级的带动下，台湾民众的社会权力意识逐渐觉醒。而战后长期存在的"戒严"体制，却极大地限制了社会的能动性和自主性。在公权力机构和社会的交锋过程中，民间社会通过各种形式的社会运动不断冲击国民党政权，最终促成了台湾的"解严"。由"解严"带来的政治机会结构的改变，为社会运动的发生提供了较为有利的政治环境；最后，20 世纪 70 年代台湾"外交"的失败、国际社会发生的第三波民主化浪潮和世界新兴社会运动的兴起这三种因素叠加在一起，更进一步触发了台湾社会内部的结构性紧张。20 世纪 80 年代台湾的社会运动就是在这样的历史背景下兴起、成长并走向激进化。

第一节　台湾人民反侵略传统和反对国民党独裁的行动精神

一、反抗殖民者的斗争和传统

台湾位于东亚海上通商和交通的枢纽地带，自16世纪末开始就引起外国殖民者的觊觎。在荷兰占据台湾之前，西班牙和日本都曾意图侵占台湾。1602年荷兰东印度公司成立后，荷兰殖民者开始图谋侵犯台湾。1604年荷兰人第一次进犯澎湖未果后，并没有放弃侵占台、澎的野心。1622年6月，荷兰舰队司令雷约兹率舰队占领澎湖，并要求明朝政府答应其通商要求。福建官员为了收回澎湖，最终和荷兰人达成妥协，允许荷兰人前往台湾进行贸易，最终荷兰人于明朝天启元年（1621）侵占台湾，开始了长达38年的殖民统治。到了19世纪末，日本殖民者又发起了侵略中国的战争。清朝甲午战败后，中日双方签订《马关条约》，台湾又沦为日本的殖民地，被日本侵占半个世纪之久。在被荷兰、日本先后侵占的过程中，台湾民众一直没有放弃过对殖民者的反抗和斗争。台湾人民坚持反抗外来侵略者的英勇斗争，反映出台湾人民不畏强敌、追求自主的勇敢精神和坚毅品质，也塑造了台湾社会历史文化中的抗争传统。

早在荷兰殖民统治时期（1624—1661年），面对荷兰人的殖民统治，台湾的土著居民和汉族移民就发起了多次反抗斗争。1634年，台湾少数民族射杀了3名为在台湾港口南角筑城而上岸砍伐竹木的荷兰士兵，附近汉族移民也采用多种方法阻止、破坏荷兰人在此建筑城堡。[①] 到了1644年，反抗荷兰人的斗争遍及整个台湾：台东的西因比住民杀死一名荷兰下士[②]；淡水附近的苏米尔社的居民打死21个荷兰人；约一二百名汉人移民联合一千余名当地居民攻击大提沃，并发动华西坎社居民反叛荷兰人。[③]荷兰殖民统治时期最大规模的反抗斗争是1621年由汉人郭怀一领导的农民起义。1652年9月8日，郭怀一率领农民起义队伍围攻赤坎城并打死了一些荷兰人。后因力量对比悬殊，起义失败，郭怀一也不幸牺牲。这次农民反抗斗争损失极其惨重，据统计，在斗争中和起义

[①]　村上直次郎原译、郭辉中译：《巴达维亚城日记》第一册，台北：台湾省文献委员会，1989年，第44页。

[②]　村上直次郎原译、郭辉中译：《巴达维亚城日记》第一册，台北：台湾省文献委员会，1989年，第294页。

[③]　陈孔立主编：《台湾历史纲要》，北京：九州出版社，1996年，第33—34页。

失败后被杀的男人有 4000 多人，妇女 5000 多人，小孩还未统计在内。[1] 另据《续修台湾县志》记载："甲螺郭怀一谋逐荷兰，事觉被戮，汉人在台者遭屠殆尽。"[2] 虽然遭受到严重的损伤，但台湾民众的抗争精神却流传了下来，并鼓舞着后世。

历史的传承使台湾民众保留了先民们勇于抗争的奋斗精神。在日本殖民台湾长达半个世纪里，台湾民众先后发动数次议题多样的社会运动，反对日本的殖民统治和经济掠夺。第一次世界大战结束后，民族主义思潮和民族自决的原则影响到亚洲大多数的国家和地区。在此背景下，台湾的地主阶级、资本家和受日本教育洗礼的第一代知识分子先后掀起了一波抗争运动的高潮。其中影响较大的包括议会设置请愿运动（1921—1934 年）、台湾文化协会前期（1921—1927 年）的文化启蒙运动、台湾农民组合发动的台湾农民运动以及台湾民众党和台湾共产党各自领导的工人运动。

由林献堂领衔的议会设置请愿运动聚集了一大批以地主阶级、资本家和留日知识分子为代表的台湾社会精英，要求台湾人民享有平等的政治地位。从 1921 年 1 月 30 日向日本第 44 届帝国议会递交《台湾议会设置请愿书》开始，历时十三年，前后共展开多达 15 次的请愿运动。议会设置请愿运动启蒙了台湾民众的政治自觉，很快成为领导台湾抗日运动的中心。

在文化的启蒙方面，台湾文化协会扮演了重要角色。1921 年 10 月成立的台湾文化协会"以助长台湾文化之发展为目的"[3]。在蒋渭水等人的领导下，文化协会发行会报，设置读报社，举办各种讲习会和演讲会，成立中央俱乐部并组建文化书局，开展话剧演出，组织"美台团"在台各地巡回放映电影，通过这一连串的文化活动开展对台湾民众进行中华民族文化的启蒙工作[4]。

在台湾文化协会的影响下，台湾农民运动和工人运动也纷纷展开。1926 年 6 月，由简吉等人发起成立了台湾农民组合，展开了针对日本殖民统治者的一系列农民运动。据统计，在 1927—1928 年间，在台湾农民组合的领导下，台湾

---

① 达伯（Dapper）撰、施博尔、黄典权译：《中华帝国牤轩录》，载《台湾风物》第 26 卷第 3 期。

② （清）谢金銮：《续修台湾县志》，卷五。

③ 王乃信等译：《台湾社会运动史：1913—1936 年》（第一册·文化运动），台北：海峡学术出版社，2006 年，第 191 页。

④ 1927 年初，台湾文化协会由于领导人的路线和主张不同而发生分裂，协会的文化启蒙运动告一段落。

共发生过 420 件 [1] 农民抗争。

1927 年，台湾历史上的第一个政党台湾民众党成立后，在左翼领导人蒋渭水的带领下，组织成立了支持民众党的外围组织力量"台湾工友总联盟" [2]，一年内就发动了 19 件罢工 [3]。

由上可见，日本殖民统治时期，围绕"反日"主题，台湾社会就开展了多种类型的社会运动。这一方面表明台湾社会内部蕴藏着的反抗外来殖民统治的精神；另一方面，日本殖民统治时期台湾社会运动的发展也为战后台湾社会运动的兴起提供了一定的历史训练。

二、反对国民党独裁统治的行动精神

1945 年 10 月 25 日台湾光复后，台湾重新回到祖国的怀抱。然而国民党政权的腐败与无能，致使台湾社会经济并没有得到迅速好转，物价疯涨、工人失业、粮食恐慌等一系列问题造成人民生活愈加贫困。台湾人民开始对国民党政权失去信心，旧总督府门前悬挂的"狗去肥猪来"的漫画表达了人民的不满情绪正在增长。[4]

发生在 1947 年的"二二八事件"以及 3 月份的全岛反抗，不但反映出台湾人民对国民党当局的反感，同时也是战后最大规模的社会运动。"二二八事件"对战后台湾历史产生了重大且深远的影响，对台湾人民造成了严重的心理伤害。国民党当局建立独裁统治后，台湾人民也变得冷漠、孤立起来，"政治是危险的"成为台湾人民集体无意识的基本成分。然而即便是在国民党当局的严密控制之下，以雷震为代表的自由知识分子还是发起了长达十年之久的鼓吹政治改革和要求"宪政民主"的"自由中国运动"，他们通过手中的笔来书写自身的政治改革诉求。随着 1960 年 9 月雷震的被捕入狱，台湾的政治反对运动几乎销声匿迹。

但是到了 20 世纪 70 年代，台湾知识分子再度集结，重新关切社会政治时局。文艺界展开了一系列的文化辩论以及新形式的创作实验：1972—1973 年的新诗论战中，现实主义与写实主义成为辩论的焦点；1973 年"云门舞集"首度

---

[1]　杨碧川：《日据时代台湾人反抗史》，台北：稻香出版社，1988 年，第 153 页。
[2]　1928 年 3 月在台北成立，当时共有 29 个工人团体加盟。
[3]　杨碧川：《日据时代台湾人反抗史》，台北：稻香出版社，1988 年，第 210 页。
[4]　台湾光复后，国民党把接收台湾工作变为了"劫收"。当时台湾社会有这样的流行民谣："台湾光复真吃亏，饿死同胞一大堆，物价一日一日贵，阿山一日一日肥。"

公演，开发出独特的本土风格；1975 年杨弦在台北中山堂举办民歌发表会，引领了后续的民歌运动风潮；1977 年的乡土文学论战，也激发出文学与现实对话的各种可能性。另外，创刊于 1968 年的《大学杂志》于 1971 年进行改组，把工作重心由介绍思想、文化和艺术转移到对现实政治的深切关怀；1975 年创刊的《台湾政论》杂志虽然只发行了五期，但也挑战了当时台湾社会固有的言论禁忌。

整个 20 世纪 70 年代知识分子的社会政治关怀行动虽然只是在突破社会言论禁忌和呼吁社会政治改革，但是却也对这十年间一头一尾的两种社会运动——台湾学生的保钓爱国运动和党外的政治反对运动产生了重要的影响。

与台湾留美学生的保钓运动遥相呼应，台湾岛内的大学生在 1971 年 4 月先后发动了几起抗议行动，并向美国"大使馆"递交了抗议书。当报章披露了美国与日本将于 6 月 17 日签署移交琉球和钓鱼岛列屿管辖权的正式文件后，台大保钓会在 6 月 17 日发起了近千名学生参加的集会游行活动，这是台湾岛内抗议美日侵犯钓鱼岛主权规模最大的一次。

从 20 世纪 70 年代后半期开始，台湾党外人士开始运用大规模的街头游行策略，冲击国民党的威权体制。1977 年 11 月，五项地方选举中爆发的"中坜事件"，造成 2 人死亡、中坜警察分局被焚和 16 辆警车被毁的严重后果，充分暴露出国民党威权统治的危机；1979 年 2 月 22 日，党外人士为了声援党外运动领袖余登发被捕齐聚高雄桥头、凤山等地，以步行的方式向国民党当局进行抗议示威，这是一次"政治性十分明确的示威游行"[①]；1979 年 12 月 10 日，《美丽岛》杂志社在高雄举办世界人权日纪念活动。当晚的游行导致了大规模的警民冲突，事后大量党外人士被捕入狱，《美丽岛》杂志社也因此被查封。

国民党当局利用这次事件使刚刚崛起的党外势力受到重挫。党外反对运动虽然由此暂时沉寂，但是党外人士开创的示威游行、户外演讲等社会运动经常采用的抗争形式却被保留了下来，成为 20 世纪 80 年代社会运动抗争方式的历史来源。台湾光复后到 20 世纪 80 年代之前一连串的抗争运动，显示出台湾同胞争取自由、民主的坚定决心，台湾人民的行动精神仍在延续。

通过以上对台湾民众抗争史的简要回顾，不难发现，台湾民众是一个热爱自由、追求平等、勇于抗争的社会群体。数百年坚持不懈的抗争和奋斗，孕育

---

① 何明修、萧新煌：《台湾全志·卷九·社会志社会运动篇》，南投："国史馆"台湾文献馆，2006 年，第 52 页。

出台湾社会历史文化中的反抗传统和行动精神。只要有不公不义和束缚自由民主的社会环境存在，台湾人民就会义无反顾地掀起持续不断的抗争运动。

第二节 台湾的工业化进程及其影响

一、台湾工业化的完成

1945年10月25日，台湾省行政长官兼警备总司令陈仪在台北市公会堂接受日军第十方面军司令长官安藤利吉的投降，当即宣告自即日起，台湾及澎湖列岛正式重入中国版图。台湾光复后，台湾经济虽然从日本殖民统治的"战争经济"当中解脱出来，但直到1950年之前，都一直处于混乱状态。

台湾经济面临的最严重的问题就是通货膨胀。台湾银行从1946年5月开始发行只限在台湾省内流通的旧台币，到当年年底发行额为53亿元，1947年发行额增加到171亿元，到了1949年底增至5270亿元，短短三年时间货币发行量增长了近百倍。滥发纸币导致了物价的飞涨。从1947年到1949年的3年时间里，台湾的物价上涨了1056倍。[①]台湾人民对旧台币已经完全失去信心，台湾经济已经濒临崩溃。在这样的状况下，为了恢复经济秩序，台湾省政府在1949年6月15日公布《台湾省币制改革方案》与《新台币发行办法》，开始实行币制改革[②]，发行新台币，以1：40000的比率进行兑换旧台币，物价上涨率到1952年降到23%。[③]与此同时，台湾当局还制定了相关金融货币配套政策，在多管齐下的作用下，台湾币制改革在一定程度上缓和了通货膨胀率和物价上涨的趋势，促成了金融市场的稳定和战后台湾经济的恢复和发展。

与此同时，从1949年至1953年，台湾当局采取"和平渐进"方式开始进行以"耕者有其田"为目标的土地改革[④]。与大陆"打土豪、分田地"的激烈做法不同，台湾的土地改革温和许多，它在成功地把台湾的封建地主经济改造成

---

① 段承璞主编：《战后台湾经济》，北京：中国社会科学出版社，1989年，第135页。

② 台湾币制改革的要点有：1.照中央指示台银发行新台币总额二亿元（折合美金四千万元）；2.新台币以美金为计算单位；3.新台币对美金之汇率以新台币五元折合美金一元；4.新台币对旧台币折合率定为旧台币四万元折合新台币一元，旧台币于1950年1月14日正式停止流通遭到淘汰。

③ 段承璞主编：《战后台湾经济》，北京：中国社会科学出版社，1989年，第137页。

④ 台湾土地改革主要由陈诚负责，具体分为三个阶段：第一，实行"三七五减租"，规定地主收租的土地地租不得超过主要作物产品全年收获总量的千分之三百七十五；第二，"公地放领"，将公家的耕地以优惠形式发售给无田农民；第三，用公营企业股票以及土地债券跟地主换地，然后将土地转让给农民，实现"耕者有其田"。

以自耕农为主的小农经济同时，还巧妙地将农业资源转到工商业上。到 1953 年土地改革完成后，大约有 75% 的农民或多或少地拥有了一定数量的土地，至此台湾数百年的土地租赁制度彻底结束。据统计，台湾农业从 1953 年到 1968 年，连续 16 年持续增长，年均增长率达 5.2%。这不仅保障了台湾的粮食供养，有效缓解了台湾社会的矛盾，维护了台湾农村社会的稳定，还巩固了国民党政权在台湾的统治基础，为台湾社会的工业化提供了最初的资本积累，为此后台湾工业化的起步提供了前提条件。

20 世纪 50 年代，台湾实施了"以农业培养工业，以工业发展农业"的策略。从 1952 年起，台湾农业生产连续 10 余年保持较高的增长率，年均递增 5%。[1]20 世纪 60 年代，台湾制订了"以贸易促进成长，以成长拓进贸易"的政策，开始发展出口工业，拓展"国际"市场。这一时期是台湾经济发展的"黄金时代"。台湾域内生产总值增长率为年均 10.39%，每人所得增长率为 5.8%，工业部门的年增长率为 20%。[2]就数字统计的显示来看，台湾在 20 世纪 60 年代末期已进入到工业化地区的行列。

从 1972 年开始，台湾当局着手调整产业结构，进行经济升级，在发展重工业的同时，转向技术密集型的新型工业。但由于世界能源危机和国际分工的影响，台湾经济从 20 世纪 70 年代中后期开始出现了明显的衰退。第一次衰退是在 1974 和 1975 年，这两年的域内生产总值增长率从 1973 年的 12.8% 分别降到 1.1% 和 4.3%；第二次衰退从 1979 年开始，域内生产总值增长率逐年下降，最低降至 1983 年的 3.3%。[3]但无论如何，战后台湾经济的极速成长，是不争的事实。"1966—1980 年是台湾经济高速发展时期，台湾资本积累的增长率也达到最高点"。[4]

经济的腾飞，让台湾民众的生活水平大幅度提高。据台湾"经建会"的资料统计，台湾人均域内生产总值在 1953—1963 年间为 184 美元，1964—1973 年为 435 美元，1974—1985 年则激增到 2064 美元，到 1989 年更是多达 7626 美元，比 20 世纪 60 年代初期增加了 41 倍左右。[5]从 1972 年到 1985 年，台湾

① 段承璞主编：《战后台湾经济》，北京：中国社会科学出版社，1989 年，第 138 页。
② 王作荣：《我们如何创造了经济奇迹》，台北：时报出版社，1978 年，第 91 页。
③ 段承璞主编：《战后台湾经济》，北京：中国社会科学出版社，1989 年，第 120 页。
④ 段承璞主编：《战后台湾经济》，北京：中国社会科学出版社，1989 年，第 157 页。
⑤ 孙代尧：《台湾威权体制及其转型研究》，北京：中国社会科学出版社，2003 年，第 201 页。

储蓄率除个别年份外①，每年均在 30% 以上。"外汇"储备量在 20 世纪 80 年代前半期也逐年上升，1980 年大约为 30 亿美元，但到了 1986 年已增至 460 亿美元，相当于 1985 年台湾生产总值的 80%。② 当年台湾的"外汇"储备已跃居于世界第二位，仅次于日本。

马克思主义认为，经济基础对上层建筑具有决定性的作用。"人们在自己生活的社会生产中发生一定的、必然的、不以他们的意志为转移的关系，即同他们的物质生产力的一定发展阶段相适合的生产关系。这些生产关系的总和构成社会的经济结构，即有法律的和政治的上层建筑竖立其上并有一定的社会意识形式与之相适应的现实基础。物质生活的生产方式制约着整个社会生活、政治生活和精神生活的过程。不是人们的意识决定人们的存在，相反，是人们的社会存在决定人们的意识。社会的物质生产力发展到一定阶段，便同它们一直在其中运动的现存生产关系或财产关系发生矛盾。于是这些关系便由生产力的发展形式变成生产力的桎梏。那时社会革命的时代就到来了。随着经济基础的变更，全部庞大的上层建筑也或慢或快地发生变革。"③ 另外，马斯洛的需求层次理论也证明了当人们不再担心生存的需求时，就开始关注其他层面的需求，寻求社会、政治上的安全感与满足感。④ 由此可见，台湾工业化的完成为 20 世纪 80 年代台湾社会运动的兴起奠定了坚实的物质基础。

二、台湾工业化带来的社会问题

《社会学百科辞典》中对社会问题的定义是："社会中的一种综合现象，即社会环境失调，影响社会全体成员的共同生活，破坏社会正常运行，妨碍社会协调发展的社会现象。"⑤ 工业化使台湾经济得到迅猛发展，但也随之造成了一定的社会问题。这些社会问题林林总总，包括环境污染问题、食品安全问题、贫穷问题、弱势群体问题、妇女问题、劳工问题、农村问题、色情与娼妓问题等等。如此诸多的社会问题集中在 20 世纪 80 年代的台湾爆发，使得台湾社会的

---

① 1975 年储蓄率为 26.9%。

② 段承璞主编：《战后台湾经济》，北京：中国社会科学出版社，1989 年，第 185 — 186 页。

③ 马克思、恩格斯：《马克思恩格斯选集》(第 2 卷)，北京：人民出版社，1995 年，第 32 — 33 页。

④ 马斯洛于 1943 年在《人类激励理论》论文中提出需求层次理论。这一理论把需求分成生理需求、安全需求、社交需求、尊重需求和自我实现需求五个层次。1954 年，他在名著《动机与人格》中又在尊重的需求和自我实现的需求之间加上了"求知的需求"和"美的需求"。

⑤ 袁方主编：《社会学百科辞典》，北京：中国广播电视出版社，1990 年，第 21 页。

不满情绪渐次增加。美国冲突论的代表 L.A. 科塞在《社会冲突的功能》(1956) 一书中明确指出，各个社会都存在着这样一类制度或习俗，它作为解释社会冲突的手段，能为社会或群体的成员提供某些正当渠道，将平时蓄积的敌对、不满情绪及个人间的怨恨予以宣泄和消除，从而在维护社会和群体的生存、维持既定的社会关系中，发挥"安全阀"一样的功能，这就是著名的社会安全阀理论。从这个角度来看，台湾社会问题的出现成为日后台湾社会运动兴起的一项决定性的因素，社会运动成为稀释民众不满情绪、解决台湾社会问题的"社会安全阀"。

食品安全问题和环境污染问题与人们日常生活息息相关。从 1977 年开始，"米糠油事件""假酒事件"等关系食品安全事件频繁在台湾社会出现[1]，严重危害到台湾民众的生活安全，引发了全台社会的极大关注。另外，工业化的完成也对台湾的生态环境造成一定破坏，环境污染现象层出不穷。据台湾社会学者萧新煌在 1986 年对十五项社会问题的调查，公害污染以 88% 高居第二位。[2] 另据统计，台湾共有 36 条主、次要河川，其中 28 条已受到中度以上的污染，污染率为 72%。在 1985 年 10 月以前的三年中，台湾的养殖渔业因此遭受到近四亿新台币的损失。[3] 环境污染问题已经严重危及台湾民众的生存环境和生活品质。面对环境的污染和破坏，台湾民众开始进行自力救济，保护台湾的环境免遭进一步破坏。据统计，从 1981 年到 1988 年 5 月止，台湾所发生的反污染自力救济事件多达 108 件。[4]

在台湾迈向工业化的过程中，农业部门扮演了非常重要的角色，它在提供工业发展所需资金和人力的同时，也提供了工业产品所需要的原材料和消费市场。但在"进口替代"与"出口导向"的发展策略主导下，台湾当局一味追求高速的经济增长，这给台湾农业的发展造成一定的影响，农业部门成了工业化

---

① 1979 年 5 月，台中彰化等地民众因食用含有多氯联苯的食用油，造成了多达两千人中毒。较严重的受害者产生了皮肤溃烂、长脓疮等情况，孕妇也因此生出畸形胎儿。包括台中县大雅乡私立惠明学校 156 位师生在内，受害者大多属于经济弱势者。到了 1979 年底，台湾又发生了教授饮用假酒而造成双目失明的"假酒"事件。由于没有完整的消费者保护机制，受害者没有得到合理赔偿，厂商也逃避了责任，社会舆论一片哗然。这两起事件后，台湾社会开始关注消费者的权益与保障问题。

② 杨国枢、叶启政主编：《台湾的社会问题》，台北：巨流图书公司，1991 年，第 207 页。

③ 林美娜：《台湾的绿色灾难——台湾环保运动启蒙纪实》，台北：前卫出版社，1989 年，第 32 页。

④ 萧新煌主编：《垄断与剥削：威权主义的政治经济分析》，台北：台湾研究基金会，1989 年，第 15 页。

过程中必要的牺牲品。在农业经营方面，面临着生产成本过高、农产品价格相对较低、农民所得偏低和农民耕种意愿低落的问题；在人力资源方面，农村也遭遇到大量青壮年劳动力外流的困扰；而农业组织也长期处于徒有组织形式、功能不彰、活动内容不符村民需要的状态；另外，农村在医疗保健、教育、娱乐设施和就业机会等方面也远不如都市，农村环境也遭到工业的污染。

随着台湾工业化进程的急速发展，到20世纪80年代末，台湾的劳工人数已经占到了就业总人口的50%左右。在既有的劳动体制下，劳工面临着包括自身工作待遇偏低、劳资关系紧张和工会组织松散且长期处于有名无实的状态等诸多问题。1984年"劳动基准法"颁布并施行后，台湾的劳工问题愈显突出。在工资问题方面，有四个方面的特征，分别体现在工资偏低、不合理、工资保护不足和缺乏激励作用；在工时问题方面，台湾劳工长期面临工时过长、加班频繁、休假有名无实等问题；而在工资待遇低和工作强度大的情况下，台湾劳工的安全卫生问题也无法得到很好的保障，矿难频发、制造业灾害不断、工业卫生问题严重。以1987年煤矿灾害为例，煤矿劳工的伤亡率为285.85‰，约为美、日等国的五倍左右[1]；在劳资关系方面，由于权益不能得到充分的保护，台湾劳工普遍处于被压抑的状态。如此众多的劳工问题的存在，导致台湾劳工内心产生的"相对剥夺感"不断增加，这直接诱发了20世纪80年代台湾劳工运动的发生。随着劳工阶级意识的抬头，劳工更多开始依赖组织来维护自身权益，仅1989年一年当中台湾地区就产生了402个新工会。[2]

台湾妇女在工业化过程中也面临许多问题，这主要体现在工作权益和就业机会的不平等上。作为次级劳动力的台湾妇女，她们较多从事属于非市场交换价值的家务工作，并且很难从传统的人类再生产的角色中得以解放。即便参与到劳动市场中来，台湾妇女的就业也受到相当程度的隔离。据周碧娥的研究，台湾职业体系内性别隔离的现象相当明显。以1986年为例，台湾妇女从事行政主管工作所占的比率只有10%，在生产作业员和农业生产者两个职业方面，妇女所占比率亦不到三分之一。[3]另外，在薪资待遇方面，除了在结构性位阶上呈现男高女低的现象外，台湾妇女的薪资所得也较之于男性劳动力有一定的差异。数据显示，1986—1987年间，台湾女性劳动力的平均年所得只有男性劳动力的

[1]　杨国枢、叶启政主编：《台湾的社会问题》，台北：巨流图书公司，1991年，第351页。

[2]　杨国枢、叶启政主编：《台湾的社会问题》，台北：巨流图书公司，1991年，第358页。

[3]　杨国枢、叶启政主编：《台湾的社会问题》，台北：巨流图书公司，1991年，第380页。

65%①。由于妇女育儿哺女的传统社会角色的长期存在，加上薪资待遇的低下和就业机会偏少，很多妇女成为社会的弱势群体，面临着从事色情和娼妓行业的潜在可能性。当然，从事色情行业的原因十分复杂，既有社会经济结构的因素，也有社会观念变化的影响，还有人性方面的深刻原因。但是不可否认，由于生活所迫而从事色情行业的妇女比例仍然很高。例如，台北市妇女救援基金会在1989 年辅导的 148 例个案中，有 44% 是被卖或被迫而从事娼妓工作②。综合而言，台湾妇女问题的长期存在成为 20 世纪 80 年代台湾妇女运动兴起的一项现实因素。

综上所述，工业化在促进台湾经济极速成长的同时，也不可避免地带来了一系列的社会问题。随着台湾社会经济、政治的进一步发展，这些社会问题的严重后果和影响日益显现出来。当台湾当局不能制定合理的公共政策，及时缓解或者根除这些矛盾和问题时，社会问题就成为台湾社会运动得以产生的一个重要突破口。

第三节　台湾社会结构的变化与社会力的成长

一、台湾新兴阶级的出现

在 20 世纪 80 年代之前，台湾的"阶级关系并不是解释社会结构的关键性因素"③，阶级因素在社会系统中的影响力较为有限。但随着工业化的进行，台湾社会逐渐从农业社会转为工商社会，台湾社会的阶级结构开始发生变化，产生了两个新的社会阶级：中产阶级和劳工阶级。这两大新兴阶级的出现，不仅改变了此前台湾社会的传统阶级结构，而且影响到台湾社会力的成长，推进了 20世纪 80 年代台湾新兴社会运动的开展。

在世界历史发展的进程中，中产阶级的兴起和壮大具有普遍性意义。马克思以生产关系为基础，在《共产党宣言》中首次提出"中等阶级"的概念。进入 20 世纪，以吉登斯为代表的西方学者认为，中产阶级的兴起，成为资本主义社会结构中的"缓冲带"，是社会结构中最稳定的群体，也是社会变革中最积极的社会行动者。对于中产阶级，很难对其进行一个准确的定义。一般而言，台

---

①　杨国枢、叶启政主编：《台湾的社会问题》，台北：巨流图书公司，1991 年，第387 页。
②　杨国枢、叶启政主编：《台湾的社会问题》，台北：巨流图书公司，1991 年，第538 页。
③　萧新煌主编：《变迁中台湾社会的中产阶级》，台北：巨流图书公司，1990 年，第35 页。

湾的中产阶级包括三类人员：第一类是为政府部门和私人企业部门所雇佣的中上级工作人员；第二类为与政府或企业部门并无隶属关系的专业或自由职业者；第三类是从事个体经营的小资产阶级。新兴的中产阶级在人数方面很难完全统计，但据估计，在20世纪80年代初期，台湾的中产阶级大约占到了总人口的40%左右。[①]另据一项调查显示，自认为是中产阶级的受访者百分比，由1978年的51.7%上升到1983年的56.9%。[②]由这两组数字可见，到了20世纪80年代中期，中产阶级已经至少占到台湾总人数的三分之一左右。

台湾新兴中产阶级不仅拥有一定的社会财富，而且有着良好的教育背景。处于社会中间阶层，他们一方面遭受上层阶级盘剥，强烈寻求改革现行制度，另一方面，他们往往更愿意维持现存制度，改革而不是废除现存制度。随着中产阶级政治意识的逐渐提高，他们必然要求参与政治权力的分配，希望在社会上和政治上有更大的发展空间。然而在国民党长期威权统治下，中产阶级的权益也受到一定程度侵害，政治参与的渠道也较为有限。由于很难获得更多的发展机会，中产阶级在心理层面难免会产生一定的焦虑。当出现众多的社会问题时，他们便多方面寻找社会参与的机会。可以说，20世纪80年代台湾社会运动的兴起为中产阶级提供了参与公共事务、争取发言权的有效平台和途径，而另一方面中产阶级也成为社会运动的有力倡导者、推动者和参与者。

到了80年代，劳工阶级成为台湾社会的主体阶级之一。劳工阶级的人数占三大产业的比例由1953年的18%增加到1983年的41%。[③]截至1985年，台湾劳工总人数达到404万人，占当年就业人口的54.36%，成为台湾人数最多的一个阶级。[④]到了20世纪80年代，第一代劳工已经基本被第二代劳工所替代。第二代劳工完全脱离了乡村的根基，扎根城市，对现代都市抱有强烈的认同感。城市的生活经验，使他们形成了计较、好争的都市性格。随着台湾产业结构的不断升级和技术要求的不断提高，台湾劳工阶级的文化素养和技术水平也逐渐提高，劳工意识开始觉醒。由于长期遭受到资方的剥削和压制以及国民党当局的严密控制，台湾劳工阶级的工资待遇和正当权益一直不能得到充分的保证。但是他们又和农村完全失去了联系，无法重新回到农村生活。在这种情况下，

①　文崇一：《台湾的工业化与社会变迁》，台北：东大图书公司，1989年，第39页。
②　萧新煌主编：《变迁中台湾社会的中产阶级》，台北：巨流图书公司，1990年，第103页。
③　文崇一：《台湾的工业化与社会变迁》，台北：东大图书公司，1989年，第23页。
④　姜南扬：《台湾大转型——40年政改之谜》，台北：克宁出版社，1995年，第166页。

劳工阶级开始主动争取自身的权益，成为台湾社会一支不可忽视的力量。

总体而言，新兴阶级的出现，改变了原来台湾社会单一的社会结构，使社会力量更加丰富、多元。为了获得更多的政治参与机会和争取正当的经济利益，中产阶级和劳工阶级开始行动起来，寻求政治地位和工资、福利待遇方面的改善。

二、台湾社会力的成长

台湾社会阶级类型增多的直接后果导致了台湾社会力的不断成长和壮大。萧新煌把战后台湾的发展按照不同的主导力量，分为三个阶段，1962 年之前属于"政治力"挂帅的阶段，从 1963 年到 1979 年属于"经济力"主导时期，1979 年之后的十余年间，台湾则进入了"社会力"的主导时期。[①] 在台湾完成工业化之前，台湾社会基本上由占人口绝大多数的小农阶级和少数大资本家以及军、公、教等公职人员组成，社会结构相对单一，社会力量较为薄弱。中产阶级和劳工阶级的出现，改变了原来台湾社会单一的阶级结构，丰富了社会阶级的种类，为台湾社会注入了新的活力。当社会为其提供广阔舞台之后，当他们的阶级意识、生活观念发生转变，价值观和人生态度开始坚定以后，强大的社会力也必然得到进一步的释放。

另外，20 世纪 80 年代台湾社会力的上升，也可以通过社团数量的增加体现出来。以基金会为例，1980 年成立的消费者文教基金会一马当先，间接开启了台湾民众以基金会的方式来施展抱负的风气，使得其后民间团体表达意见时大多依循消费者文教基金会的模式。[②] 到 1982 年，全台共有九千多个社团，社团成员的总数多达五百多万，[③] 涵盖了学术文化、医疗卫生、宗教、体育、社会福利、宗亲会、同乡会、校友会等社会生活的方方面面。在社会参与方面，据不完全统计，1980—1990 年间，台湾民众结社参与社团的数量增加了 2 倍，达到 2700 万人次。[④] 由此可见，众多包括社会运动组织在内的非政府组织在 20 世

---

① 徐正光、宋文里合编：《台湾新兴社会运动》，台北：巨流图书公司，1990 年，第 22—23 页。

② 有数据显示，成立于 1950 至 1986 年间的基金会约占总数的 3 成，而 1987 年以后成立的基金会则高达 7 成。（台湾铭传管理学院大众传播学系印：《认识基金会》，台北：傅莘杂志社，1990 年，第 90 页。）

③ 中国论坛编辑委员会主编：《台湾地区社会变迁与文化发展》，台北：中国论坛杂志社出版，1985 年，第 35 页。

④ 王振寰、瞿海源主编：《社会学与台湾社会》，台北：巨流图书公司，2000 年，第 529 页。

纪 80 年代的台湾纷纷出现，为台湾市民社会的兴起奠定了历史基础。

在 20 世纪 80 年代，台湾社会力破土而出，所展现出来的是要打破长期以来支配和宰制社会自主性的公权力机构。台湾社会运动社团的增加，表明台湾民众已逐渐走出私人领域，开始关注并参与到公共生活中来。一旦社会力抬头，社会组织的出现和社会运动的兴起将成为不可避免的趋势。

第四节　国民党威权体制的松动和社会控制能力的下降

一、威权体制的松动

国民党政权败逃台湾之后，继续沿用原先在大陆的党政"二元体系"。一方面，"总统"名义上为政府"领袖"，其下设有"国民大会"和"中央政府"；另一方面，国民党主席为党的最高统领，其下设中常会和中央党部的党组体系。只要国民党当局掌握党政二元体系，即可牢牢控制决策系统和执政系统，从而维护其威权统治。自 20 世纪 50 年代以来，台湾的权力中心一直是由蒋氏父子以党的最高负责人为中心的威权结构。在威权体制下，国民党领导层吸收了包括在大陆执政时期的高级官员、技术官僚和极少数的民选政客，采取消极限制的策略，开放极其有限的政治参与管道，只允许地方层面的竞争选举。即便如此，地方的县市选举也一直为国民党所控制，并没有完全按照公平、公正、公开的原则进行。这种选举实际上是"国民党与地方势力的结盟，所选出的议会，在法制上听命于行政命令，只能参与议事，职权有限"。[①]

1972 年，蒋经国出任"行政院长"。在面对"外交"失败和岛内新兴阶级政治改革呼声渐起的双重困境下，蒋经国开始推行"本土化政策"，转向台湾社会内部寻求支持，用以巩固国民党政权在台湾的执政合法性。蒋经国对"行政院"进行了大幅度改组，吸收了大批具有专业知识的技术人才，并破格提拔国民党第二代，同时也开始注意吸收台籍人士入党。从 1972 年到 1976 年，台籍党员人数增加到全体党员人数的一半以上；到 1987 年，国民党的台籍中常委已经占到了 48%。[②]事实证明，国民党的本土化政策，奠定了国民党持续执政的基础。虽然如此，本土化政策只是一种对台湾民众的有限开放，属于体制内的改革，台湾社会政治参与的管道并没有得到实质性的扩大。

---

① 陈孔立主编：《台湾历史纲要》，北京：九州出版社，1996 年，第 230 页。
② 陈孔立主编：《台湾历史纲要》，北京：九州出版社，1996 年，第 260 页。

到了 20 世纪 80 年代，台湾社会的投资率开始下降，从 1982 年的 25.2% 下降到 1986 年的 16.3%，而岛内的储蓄率却一直都维持在 30% 左右。民众投资信心的不足在一定程度上反映出台湾政治经济结构内部的深层问题，也表明国民党政权又一次遭受到统治合法性危机。与此同时，民间社会力量却迸发出强大的力量，开始挑战国民党的威权体制。党外人士在 1980 年和 1981 年的两次选举后再度崛起，成为国民党的有力竞争者。据统计，反对力量在 20 世纪 80 年代的选举得票率大致维持在 20% 到 30% 之间。① 新兴社会运动在 1983 年之后也大量出现。从 1983 年到 1987 年，台湾总共发生了 1500 余件民众集体行动的抗争。经济和社会两个层面上存在的问题，同时考验和冲击着国民党的威权体制。在此形势下，蒋经国在 1986 年 3 月召开的国民党十二届三中全会上，提出了"政治革新"的主张，声称将采取"较为开明的做法"，"以党务革新结合行政革新"，进而"带动全面革新"。②1987 年 7 月 15 日台湾的"解严"和随后"报禁""党禁"的开放，表明国民党威权体制开始出现一定程度的松动，客观反衬出社会力的逐渐成长和壮大。

二、国民党政权社会控制能力的下降

从本土化政策到"解严"，都反映出国民党威权体制的松动，同时也表明国民党对台湾社会控制能力的下降。20 世纪 70 年代中期以后，台湾"党外"势力开始活动。1977 年 11 月，非国民党籍人士纷纷宣布以"党外"名义投入到五项地方公职人员的选举当中，并在全岛进行了大串联。党外人士取得了 30% 的得票率，有 21 人当选为省市议员，有 4 人当选为县长。③ 选举结果表明党外力量的逐渐壮大。之后，党外势力开始走上街头，掀起一连串的反抗专制、争取民主的群众运动。党外人士以《美丽岛》杂志社作为阵地，一面刊登政论文章，抨击国民党的威权体制；一面在各县市设立服务处，组织群众，进行动员。1979 年 12 月 10 日，《美丽岛》杂志社在高雄组织了一场声势浩大的纪念世界人权日的群众集会，并在当晚进行游行示威，喊出了解除"戒严"、开放言论和结社自由等口号，参与人数多达 2 万余人。国民党出动军警进行镇压，逮捕了

---

① 王振寰：《台湾的政治转型与反对运动》，载邱延亮主编《运动作为社会自我教习：台湾社会运动读本》（上册），台北：台湾社会研究杂志社，2008 年，第 30 页。

② 《蒋"总统"经国言论集》，第八辑，台北：《中央日报》编印，1987 年，第 42 页。

③ 陈孔立主编：《台湾历史纲要》，北京：九州出版社，1996 年，第 261 页。

150多名党外人士，并查封了《美丽岛》杂志社及其服务处，最后被判刑的多达40余人。"美丽岛事件"后，党外势力遭到严重打击。但到了20世纪80年代初期的选举当中，党外人士再次参选，并有相当收获。截至1986年底"中央民代"选举，党外选票的稳定增长率显示出台湾地区多元化政治已成为无法抵挡的历史趋势。1986年9月28日民主进步党的成立，更无疑是对国民党威权体制的又一项有力冲击。

国民党政权社会控制能力下降的另一个体现是20世纪80年代台湾社会运动的兴起。在国民党当局社会控制逐渐松动的情形下，台湾民间社会运动此起彼伏，十年间出现了多达数十次不同种类、议题各样的社会运动。从最早的消费者运动开始，到后来妇女运动、少数民族运动、环保运动渐次兴起，再到"解严"当年和"解严"后的两年当中农民运动、劳工运动和无住屋运动等的蓬勃发展，无不表明台湾社会所蕴藏的力量开始不断上升，并逐步与台湾当局围绕社会问题而进行对抗。

第五节　台湾外围环境的变化

一、台湾"国际空间"的缩小

1949年12月国民党败逃台湾之后，一向支持国民党进行内战的美国政府并没有向台湾派驻正式的"外交使节"。在1950年6月前，美国在台湾仅有一名"领事"级的代表，最高的"武官"也不过是一名中校。这说明美国政府虽然名义上承认"中华民国政府"为合法政府，但对其"外交"政策的走向上却一直处于观望状态。1950年朝鲜战争的爆发促使美国坚定了支持台湾的想法。美国一方面派驻第七舰队进入台湾海峡，另一方面也于1951年5月成立美国驻台军事顾问团，对台湾进行军事上的援助。1953年11月，美国副总统尼克松访问台湾，在台北的演说中明确指出，美国政府承认"中华民国政府"是"代表整个中国"的。[①]1954年12月，叶公超和美国国务卿杜勒斯签订"台美共同防御条约"，后于次年3月3日在台北互换批准书后即时生效。"台美共同防御条约"和1955年美国通过的"台湾决议案"以及1958年台美双方签署的"联合公报"，共同奠定了台美之间的同盟互助关系，也开启了台美间长达八年之

---

① 茅家琦主编：《台湾三十年（1949—1979）》，郑州：河南人民出版社，1988年，第54页。

久的"外交"蜜月期。①1961 年肯尼迪就任美国总统后，继续确认了艾森豪威尔的"对华三原则"。1962 年蒋介石叫嚣要"反攻大陆"，美国并不支持，并于 1963 年以台湾经济增长和美援装备已超出台湾防卫需要为由，开始大量削减对台湾的援助。

1971 年第 26 届联合国大会决议恢复了中华人民共和国在联合国的合法席位，代表"中华民国"的台湾当局从此退出联合国，这使得台湾当局完全丧失了代表中国的合法性，其"国际"地位大为下降，"国际"空间也进一步缩小。据统计，在 1971 年，承认台北的仍有 54 个政府，但到 1978 年，与台湾有"邦交"者仅有 21 个。②1979 年中美正式建交，美国终止了对"中华民国"的"法律承认"。台湾当局尽管在 20 世纪 80 年代开始采用弹性"外交"，但这也无法从根本上改变台湾当局在"国际"社会上的困境。"外交"的孤立，引起了台湾民众对台湾安全和前途的担忧，也成为岛内政治争执的主要原因之一。

二、第三波民主化浪潮的影响

经过战后 30 多年的现代化进程，到 20 世纪 80 年代初期，东亚部分国家和地区开始进入社会转型阶段。亨廷顿把 20 世纪 80 年代后东亚部分国家和地区的这种民主化，纳入近代以来世界第三波民主化浪潮当中。"一个国家成功地实现民主化，这会鼓励其他国家的民主化，要么是因为这些国家也面临着同样的问题，要么是因为其他国家成功的民主化意味着民主化可以治疗它们所面临的问题而不管这些问题是什么，或是因为已经民主化的政府十分强大，可以被当作政治或文化典范。"③发生在周边国家和地区的民主化浪潮，对于推动台湾岛内政治文化和政治制度的转型有着直接的推动作用。特别是 20 世纪 80 年代中期发生在韩国和菲律宾的民主政治运动，不仅对当时国民党当局的政治改革决策产生重大影响，同时也鼓舞了岛内政治反对派的信心，对台湾民众政治态度的转变提供了一种示范和引导。亨廷顿认为："尽管现成的证据很少，但是似乎

---

① 这段时间是从 1953 年到 1960 年，也是艾森豪威尔的总统任期。

② 彭怀恩：《台湾政治发展（1949—2009）》，台北县：风云论坛有限公司，2009 年，第 144 页。

③ 亨廷顿著、刘军宁译：《第三波——20 世纪末的民主化浪潮》，上海：上海三联书店，1998 年，第 113 页。

可能的是在菲律宾发生的事件……对发生在台湾的自由化也有一定的影响。"①
具体而言，第三波民主化浪潮对台湾地区的政治自由化产生了如下的影响：

首先，发生在周边国家和地区的政治民主化运动共同营造出一种有利于台湾政治自由化的外部环境。这种外在环境和历史认知无形中坚定了台湾民众追求政治民主的信心和决心，让台湾广大民众感觉到政治民主化已经成为历史发展的必然趋势。

其次，这波民主化浪潮也让蒋经国及其国民党领导层看到了自由、民主化的历史趋势，促使其执政观念产生了一定的改变。蒋经国认为："时代在变，环境在变，潮流也在变；因应这些变化，本党必须以新的观念，新的做法，在民主宪政体制的基础上，推动革新措施，唯有如此，才能与时代潮流相结合，才能永远与民众在一起。"②

最后，这波席卷全球的民主化浪潮，尤其是菲律宾马科斯独裁政府的垮台，鼓舞了台湾岛内政治反对派的斗志，同时也对岛内民众的观念产生了一定影响。在周边地区民主化的示范效应下，党外突破国民党的"党禁"政策，毅然成立"民主进步党"，为岛内政治自由化和民主化打开了缺口。与此同时，各种议题的社会运动也此起彼伏，民间社会的力量逐渐显露并开始发挥作用。

三、当代世界新兴社会运动的兴起

当代社会运动是对20世纪六七十年代以来西方兴起的各种大规模的、新形态的社会运动的概括称呼，其中包括劳工运动、反战运动、反核运动、妇女运动、同性恋运动、生态运动等。对于当代欧美社会运动发展阶段的划分，一般认为，第一阶段为二战结束到20世纪70年代末，这是一个以传统社会运动为主流，社会运动在欧美相对活跃的时期；第二阶段从20世纪70年代末到现在，这是一个传统社会运动相对平缓发展、新兴社会运动蓬勃兴起的时期。这些社会运动对当代西方政府、政治带来了各种各样的冲击。其与传统社会运动显著不同之处在于，它们不是以推翻现存政权为目标，而是以改革现有政治制度为目标。

进入20世纪80年代，世界全球化趋势已成为一个不争的事实。随着社会

---

① 亨廷顿著、刘军宁译：《第三波——20世纪末的民主化浪潮》，上海：上海三联书店，1998年，第116—117页。

② 《蒋"总统"经国言论集》，第八辑，台北：《中央日报》编印，1987年，第232—233页。

生产力和科学技术的迅猛发展，社会分工更加细致明确，世界各国的联系愈发紧密，人类活动日益突破了时间和空间的局限，关联性越来越强。20 世纪 80 年代台湾风起云涌的社会运动无疑也受到了当代西方社会运动的影响。像环保运动、反核运动、学生运动等，无不跟当代世界新兴社会运动的兴起发生一定程度上的关联。

第二章　20世纪80年代台湾社会运动的兴起与发展

20世纪80年代台湾社会运动风起云涌，有台湾学者将之称为社会运动的"黄金十年"。在这十年的发展过程中，台湾社会运动基本经历了兴起、发展、高峰和沉寂的生命史阶段，展现了社会运动的基本轨迹与走向。在这十年的生命周期中，台湾共发生了不下十种[①]议题多样和诉求多元的社会运动，按照出现时间的先后顺序，著者将其整理为以下14种：消费者运动（1980—）、妇女运动（1982—）、少数民族运动（1983—）、环保运动（1986—）、学生运动（1986—）、"新约教会"抗议运动（1986—）、劳工运动（1987—）、农民运动（1987—）、教师人权运动（1987—）、残障及福利弱势团体的抗议运动（1987—）、老兵运动（1987—）、政治受难者人权运动（1987—）、客家权益运动（1988—）和无住屋运动（1989—）。由于社会运动的种类繁多，很难对其历史过程进行全面叙述，因此本书依据这些社会运动在整个20世纪80年代台湾社会运动史中位置和作用的不同，选取了7种规模较大且影响较深的社会运动作为分析和研究的对象，希望能以点带面、管中窥豹，进而借此勾勒出整个20世纪80年代台湾社会运动的历史样貌。

消费者运动是兴起最早的社会运动，它是由中产阶级发起的消费者权利意识的启蒙运动，并带动了后来台湾其他社会运动的发生；妇女运动是由台湾的知识女性发动的妇女性别权利意识的启蒙运动，对后来台湾社会弱势群体的社会运动有一定的启发作用；在消费者运动和妇女运动的带动下，1983年兴起的少数民族运动，旨在启蒙台湾少数民族的社会平等意识和维护少数民族的社会

---

① 不同学者对20世纪80年代台湾兴起的社会运动种类有不同看法，张茂桂在《社会运动与政治转化》一书中提到了8种，萧新煌则在不同文章中分别提到了14和17种不同类别的社会运动。

正当权益；1986 年兴起的环保运动中成立的民间草根团体，标志着台湾民间社会力量的真正崛起，使得台湾社会运动得到进一步的发展；"解严"当年和之后的 1988 年是台湾社会运动的高潮时期，其间不但社会运动的种类陡然增多，而且不同议题的社会运动团体之间出现了集结、串联甚至结盟的趋势。在这两年中，劳工运动和农民运动可以作为代表，这两种社会运动直接将台湾社会运动推向激进化；1989 年则是台湾社会运动相对沉寂的一年，农民运动和劳工运动相继进入低潮，但是当年新出现的都市中产阶级发动的无住屋运动却在抗争的策略和方式方面出现了新形式，诙谐、幽默的后现代抗争形式使得 20 世纪 80 年代台湾社会运动出现了制度化的趋向。综上，本书将主要选取以上 7 种社会运动为代表，概况阐述台湾社会运动的历史轨迹和主要内容。

第一节　台湾社会运动的兴起（1980—1982）

在 20 世纪 80 年代的前三年当中，台湾消费者运动和妇女运动相继兴起。这两种由中产阶级和知识分子所发动的社会运动的出现，标志着台湾社会运动的大幕正式拉开。在这一阶段，消费者运动和妇女运动主要采取相对温和、理性的抗争策略，并且以合法的运动组织为依托，在进行消费者权利意识的启蒙和妇女性别意识、社会平等意识启蒙的同时，也通过开展一些活动为广大消费者和需要帮助的妇女代言并帮助他们解决相关问题。台湾消费者运动和妇女运动的相继开展，为 20 世纪 80 年代台湾社会运动的后续发展奠定了前提条件。

一、20 世纪 80 年代台湾最早的社会运动：消费者运动

社会运动的产生与社会问题之间有着紧密的关联。考察 20 世纪 80 年代台湾兴起的社会运动，可以看出，几乎每一种类型社会运动的产生或多或少都是缘于某些社会问题的长期存在并无法在体制内得到更好的解决。台湾消费者运动产生的最直接的原因是消费者的权益和身心健康受到严重侵害。在工业社会倡导消费主义的前提下，商品的质量无法完全得以确保，假冒伪劣商品使得消费者身心受损。再加上不实或夸张的广告把消费者引入消费陷阱或消费误区，使消费者的知情权和消费权受到侵害。工业社会中资本的逐利性和政府市场监管机制的双重矛盾最终导致各种消费问题的出现，消费者运动的兴起即是为了解决诸多消费问题，为消费者提供物美价廉的商品和健康安全的消费环境。

（一）消费者文教基金会的成立

"要把群体利益转化为一个社会运动的动员能力，组织力量是关键。"① 社会运动组织在社会运动的推展上扮演了关键性角色，没有组织就没有台湾的社会运动。社会运动组织是致力于实现社会运动目标，并且扩大动员网络和累积资源的关键所在，它在社会运动的兴起和发展过程中扮演着重要的角色。无论是资源动员理论，还是政治过程理论，都非常看重社会运动组织所发挥的重要功能。

台湾消费者文教基金会先于消费者运动而成立，是台湾消费者运动的核心组织。它是在台湾社会消费领域出现问题和危机的情况下出现的。"消基会"在台湾社会消费领域出现问题和危机的情况下应运而生，它以专家学者、律师和社会爱心人士为主体，拥有完整的组织结构，通过发行《消费者报道》、接受捐款等渠道筹措资金，在消费者消费意识的启蒙和消费权益的维护方面发挥了非常重要的作用。20世纪80年代台湾的消费者运动都是在"消基会"的运作下开展起来的。

台湾开始工业化后，工商业得到充分发展。在此过程中，由于行政监管方面存在的漏洞和商人逐利性不断增强，致使工商业产品制造和销售过程中开始出现一些以次充好、假冒伪劣的现象，严重危害到消费者的经济权益和身心健康。行政管理层也意识到了问题的严重性，时任"经济部长"的孙运璿即撰文指出："近年来由于工业的迅速发展，不可讳言的是工商界与消费者缺乏沟通联系，乃导致若干优良厂商的专利、新型、新式样、商标等权益受到冒牌赝品的侵害，广大的消费者在良莠杂陈、鱼目混珠的情形下，难以分辨商品的优劣，因此吃亏上当，屡见不鲜。"② 到20世纪70年代末，台湾接连发生由于产品质量安全问题而导致的消费者权益受损事件。从当时台湾岛内的媒体报道来看，各类有关消费问题的新闻报道多达近200起。特别是1979年夏天发生的"食用油安全事件"和年底发生的"假酒事件"在台湾社会造成很大影响，成为20世纪

---

① 赵鼎新著：《社会与政治运动讲义》，北京：社会科学文献出版社，2006年，第191页。
② 《中华日报》，1973年10月18日。

80 年代台湾消费者运动兴起的直接诱因。①

面对消费领域中出现的种种危害消费者权益和身心健康的消费问题，具有社会责任感和正义感的有识之士开始计划筹组一个保护消费者权益的社会组织。在台北市青商会、学者专家、律师和社会热心人士的共同努力下，台湾消费者文教基金会（简称"消基会"）于 1980 年 11 月 1 日在台北成立，由台湾政治大学柴松林教授担任第一届董事长，由李伸一律师担任秘书长，主要参与者有白省三、黄荣村和林世华等人。分析其参与群体可以看出，这个组织的特质具有中产阶级的社会改良主义色彩，"一方面，消基会以中产阶级为诉求对象，因为当时社会中的中产阶级最具权利意识，对于维持社会正义有强烈的渴望与信心；另一方面，由于消费危机的受害者多半是社会的中下阶层，因此消基会倡导的消费者保护也具有代理人的性质"②。"消基会"主张以和平、理性和科学的方式来推动台湾消费者运动的开展，其设立宗旨为：推广消费者教育、增进消费者地位和保障消费者权益，③ 它的成立标志着台湾消费者运动的诞生。

（二）"消基会"所推动的消费者维权活动

何谓消费者运动？不同学者从不同立场出发，对其的看法也不尽相同。戴维·W.克雷芬（David W.Cravens）和杰拉尔德·E.米尔斯（Gerald E.Mills）认为，消费者运动是一种对政府和企业试图施加压力的努力，目的在于纠正企业缺乏道德的行为。④Day 和 Aaker 认为，消费者运动是政府、企业和民间团体为社会大众争取作为消费者权益的活动，目的是避免消费者受到的不公平待遇。⑤RH. Buskirk 和 J T.Rothe 认为消费者运动是一种有组织的活动，目的在于消费者因

---

① 1979 年 5 月，台中彰化等地民众因食用含有多氯联苯的食用油，造成了多达两千人中毒。较严重的受害者产生了皮肤溃烂、长脓疮等情况，孕妇也因此生出畸形胎儿。包括台中县大雅乡私立惠明学校 156 位师生在内，受害者大多属于经济弱势者。到了 1979 年底，台湾又发生了教授饮用假酒而造成双目失明的"假酒"事件。由于没有完整的消费者保护机制，受害者没有得到合理赔偿，厂商也逃避了责任，社会舆论一片哗然。这两起事件后，台湾社会开始关注消费者的权益与保障问题。

② 何明修、萧新煌：《台湾全志·卷九·社会志社会运动篇》，南投："国史馆"台湾文献馆，2006 年，第 56 页。

③ "消费者文教基金会简介"，详见消基会网站：http://www.consumers.org.tw.

④ David W.Cravens and Gerald E.Mills,Consumerism—A Perspective for Business,*Business Horizons,* August 1970,p21.

⑤ Philip Kotler.What Consumerism Means for Marketers,*Harvard Business Review,*May-June 1972,p52-61.

不满足而寻求补偿。①台湾社会学家萧新煌认为，消费者运动就是"根据消费者对自我权益的认识，做有意义的行为，并透过团结的方式将单独的不满凝聚成组织力量，变成一种恒常的社会运动，来达到保障消费者的目的"②。综上，本书对消费者运动的定义是：消费者运动是一种有意识的通过组织力量来寻求消费者权益保护的运动，旨在和不公平的消费环境进行抗衡。

消费者文教基金会自成立以来，透过组织的力量，在全台掀起了一场持续不断、轰轰烈烈的消费者保护运动。20世纪80年代初期的消费者运动，基本采取了如下几个方面的运作模式：

第一，开展消费者的维权工作。"消基会"一经成立，就开始了消费者维权申诉的工作。消基会暂借当时担任秘书长的李伸一律师事务所，采取每人一桌一电话的方式，借助消费者电话、书面及现场等申诉渠道，从中发掘一些重大的消费事件，以此开展消费者的维权工作。到了1984年，"消基会"特别成立了常设的申诉部。"消基会"处理消费者申诉的过程大致按照如下程序进行：首先是整理来信接受申诉，之后进行求证，接着分别通知有关厂商、将有问题产品送往检验、复函民众，最后视情况向社会公布消息。如"三重加油站舞弊案"、"过期食品案"、化妆品含汞、虾米含荧光剂等消费案件，都依序进行。由于"消基会"审慎的做法和求实的态度，每次向社会披露的信息都比较确实，在社会上造成了很大的回响，使消费者接受了一定的教育并保障了他们的合法权益。

第二，定期举办"消费教室"和座谈会。"消基会"在成立当日就举办了题为"怎么吃才不吃亏"的专题讲座，之后在12月28日又举办了"消费者如何节约能源"的讲座；到了1981年，"消基会"在定期举办座谈会，邀请有关专家和学者交流、讨论消费过程中存在的一些问题的同时，还先后举行了5次"消费教室"活动，分别就化妆品、纳税、看病服药、购屋置产等方面进行讲授，让消费者明确消费过程中的一些注意事项。如"商品标示与消费者""儿童玩具与消费者""定型化契约座谈会"等。

第三，创办消费者报道刊物，透过电视、报纸等大众媒体来传递资讯，开发消费者的维权意识。《消费者报道》于1981年5月15日创刊，由白省三担任第一任社长，每月发行一期，发表有关消费问题的文章，为消费者提供理论参

---

① Philip Kotler.What Consumerism Means for Marketers,*Harvard Business Review*,May-June 1972,p52-61.

② 萧新煌：《从消费者意识到消费者运动》,《中国论坛》,第九卷第八期,1980年,第13页。

考和现实指南。另外，"消基会"也常常借由社会发生重大消费事件之机，通过报刊、电视等媒体向社会大众传达各种消费资讯，进行消费理念上的宣导。

第四，参与市场调研，提供消费资讯。除了帮助消费者申诉、维权和以讲座、杂志等方式进行消费权利意识的启蒙之外，"消基会"还亲自参与到市场的调研当中，通过检验、调查等方式，搜集消费信息资料，为消费者提供服务。如 1981 年调查各超市食品贩卖情形，发现未标示与过期情形非常严重，促成"经济部"拟定"商品标示法"；同年三月检验市售化妆品，发现有许多药用化妆品含汞，研制五万瓶测试剂免费赠送给消费者；1982 年 11 月，检视标示为纯花生油的商品中，含有大豆油。这些检验、调查信息的公布，给消费者提供了准确、透明的消费指南，使得消费者能够明白放心地进行消费。

（三）台湾消费者运动的组织架构、参与群体及其运动策略

1. 组织架构

社会运动组织是社会运动得以发展的关键性因素，在社会运动的过程中扮演着重要的角色。社会运动组织首先面临着生存的问题，这是组织能否推动社会运动开展的先决条件；其次，组织的运作也关系到组织力量能否得以增强；最后，不同社会运动组织之间的关系如何，随着社会运动的发展，组织间的协作也变得极为重要。相对于自力救济行为而言，社会运动的规模更大、目标更远，而且具有一定的社会公益性。因此，社会运动的发起者不论是个人还是群体，在社会运动展开后，一定要有固定化的组织来推动社会运动的进行。从某种意义上来讲，组织是社会运动的核心所在。但是先有社会运动还是先有社会运动的组织，这在时间顺序上并没有绝对的界限。组织作为负责推展社会运动的机构，一定有其组织架构、成员、组织目标和维持组织运作的经费等诸多内在的要素构成。

20 世纪 80 年代台湾最早的社会运动组织是消费者文教基金会，它在消费者运动领域中占据着十分重要的地位，基本上"消基会"可以和消费者运动之间画上等号。整整十年间，"消基会"作为一个独立的民间组织独占鳌头，台湾并没有任何一个消费者组织可以发展到如此的规模，并且取得社会大众的相当信任。"消基会"把推广消费者教育、增进消费者地位和保障消费者权益作为其长期目标，希望通过组织的带动来提升消费者的消费意识，改变企业与消费者之间不对等关系，进而改变政府在消费者保护中的角色。"消基会"所涉及的消费议题非常广泛，包括水源污染、商品标示、交通安全和食品安全等。此

外，"消基会"也积极参与到诸如环境生态保育运动和妇女运动等其他社会运动当中。

早期的"消基会"以知识分子、律师和社会公益人士为主体，其中又以学者作为其发展过程中的主导力量。其内部资源由固定的专业体系和义工组成。其中专业体系主要由三方面构成：

（1）董、监事会下属的编辑部、发行部、财务部、检验部、企划部、申诉部等；

（2）委员会。到1985年6月已发展到13个，包括法律、交通、保险、汽机车、食品、日用品、公用事业、旅游、房屋、绿色消费、医疗纠纷、媒体消费和卫生保健等；

（3）顾问群，主要是网罗"立法""行政"和"监察"等体系中的专业人员，为消费者运动提供更多专业性的指导。"消基会"的义工分为两类，一类是加入委员会的学者、律师与民意代表，另一类为社会热心人士。

在运作资金方面，"消基会"首先是从《消费者报道》的订阅费中拨出部分余款用作基金。《消费者报道》每期一般维持在两万份的订阅量，这基本上解决了组织的维持和运作。但随着组织规模的扩大，仅仅靠杂志的订阅费用远远不够，因此"消基会"也接受社会上的匿名、小额捐款，但数量有限；与此同时，"消基会"也非常审慎地接受来自企业的部分捐款。由于"消基会"以知识分子等专业人员为主，并保持独立、谨慎地运转，通过参与到几次重大的消费事件中帮助消费者提高认识、化解危机，这使得"消基会"很快建立起社会公信力，也为自身开启了更为广阔的运作空间，从而持续不断地推进消费者运动的发展。

2. 参与群体

消费者运动开创了20世纪80年代台湾社会运动的先河，最早参与到运动中来的是以知识分子为代表的中产阶级群体，他们在对消费权、人权、平等权、环境权、居住权等一系列社会权利意识的启蒙方面厥功至伟。由于台湾社会经济的发展，在社会结构上出现的新兴中产阶级"掌握并主导社会运动的因素，而将社会运动推展起来"[①]。在消费者运动当中，以知识分子为代表的中产阶级均发挥了非常重要的作用，并把社会大众对运动的参与带入更深层次。在消费者运动当中，中产阶级或明或暗，或直接或间接，或参与行动或出谋划策。可

---

① 萧新煌主编：《变迁中台湾社会的中产阶级》，台北：巨流图书公司，1990年，第179页。

以肯定地说:"没有中产阶级的参与,社会运动纵然可以兴起,但都可能难以发展,甚至瞬间消失。"①

台湾的中产阶级具有政治的现实感、经济的高度消费取向和社会的结社性格三方面特点,这使得他们具有强烈的社会改革意识。台湾的知识分子群体由于具备较高知识素养,对社会运动的兴起和酝酿具有一定的催化作用,在社会运动初兴之时成为各种社会运动的发言人和社会问题的揭露者,一定程度上扮演了社会运动的领导角色。在消费者运动当中,专家学者通过撰文与市场调研开辟出消费问题的新公共领域,从而推动了消费者运动的开展。

3. 运动策略

社会运动依据其自身宗旨,在审慎评估环境的前提下,做出适合社会运动发展的基本策略。有了策略才能决定采取何种办法,从而推动社会运动的开展。策略是方法的准则,但策略又必须配合宗旨,而不能逾越宗旨、目标。在社会运动的抗争策略方面,一个社会运动采取何种抗争策略,对运动的走向具有重大影响。抗争策略得当,运动进展相对顺利,运动目标也易于实现;相反,如果抗争策略不当,则社会运动很难开展下去,社会运动的目标也自然难以达成。一般而言,社会运动采取的策略可分为两种情况:一类是采取温和渐进式的策略;另一类是实行激进改革的策略。这两种策略在行动方式上大相径庭,但是其最终目的都是为了向政府直接施加压力或者唤起社会大众的支持并联合大众继续影响政府的决策。

20 世纪 80 年代台湾消费者运动是台湾开始最早的社会运动,为了持续推动消费者运动的开展,而不至于激怒当局,基本采取较为温和、渐进和理性的抗争策略。在具体抗争方式上,社会运动组织根据其目标宗旨,结合具体的时空情境,往往会综合运用多种多样的方法来加强运动的号召力和影响力。

对于消费者运动而言,"消基会"首先成立合法组织,谨慎地依法推展运动的进行。由于"人民团体法"的限制,"消基会"的成立过程较为曲折。在必须得到公权力机构的行政许可外,还必须符合同一行政区域内不得有两个相同性质的社会团体的要求。最终"消基会"登记在台湾教育主管部门的名下,在社团名称中也加入了文教两字,以符合教育主管部门的业务性质。鉴于台湾当时的政治环境,加上以都市中产阶级为主体,"消基会"有意标榜非政治倾向改革

① 萧新煌主编:《变迁中台湾社会的中产阶级》,台北:巨流图书公司,1990 年,第 185 页。

企图，采取了静态温和、低度政治化的策略，在符合当局政策的前提下开展消费维权工作。在消费者运动推展的具体方法和手段上，"消基会"除了出版《消费者报道》月刊，通过电视、报纸等媒体进行消费咨询的宣传外，还建立起消费者申诉制度，帮助消费者处理消费中遇到的问题，定期对市场上销售的商品进行检验、调查，通过座谈会等形式向外界披露相关消费信息等。

（四）消费者运动的历史意义

台湾消费者运动的兴起，实则暴露出了消费者作为弱势群体在消费时代由于公权力机构以经济为中心并相应在制度层面缺乏对市场的有效监管而成为市场经济的牺牲品。"消费者的'独立自主'的购买权，在现代商业技术、拜物教条的控制下，已变成一个天大的笑话与神话了。"[①]据《中国论坛》杂志社的一项街头调查显示，大部分消费者在对待自身生活中出现的消费问题时，仍然充满了无奈感，被动地希望社会其他力量能够帮助他们解决问题。对"消基会"的支持也属于有前提、有条件的支持。在受访的女性消费者当中，大多数以"没时间""不想发表意见"为由，拒绝了采访，可见当时台湾女性消费者的权利意识更加微弱。其实，不光是一般的消费者权利意识有待启发，就连当时的知识分子在遇到消费问题时也没有更多办法。"今天在大学内，只会看到教授们碰头时大家猛摇头的作风，但却无法产出一个社会的责任感，更不必提道德的勇气了。"[②]不过令人可喜的是，在受访对象中有 84% 的受访者已经知道消费者文教基金会的存在。[③]由此可见，消费者文教基金会的成立使得全台社会的消费者有了一个强大的组织力量，以组织的形式，来启蒙教育消费者，维护和保障消费者的合法权益。可以说，消费者运动兴起的最重要意义就在于消费者权利意识的启蒙。

二、女性意识的觉醒:《妇女新知》杂志社及其所从事的台湾妇女运动

20 世纪 80 年代早期的台湾妇女运动，主要是在《妇女新知》杂志社的组织下，通过在杂志上发表文章和举办一些讲座活动来进行女性权利意识的启蒙工作。这一阶段的妇女运动主要采取了理性、合法和易于社会大众接受的温和抗争方式，旨在进一步进行台湾妇女性别意识的启蒙和帮助弱势妇女开展维权

---

① 林俊义:《从环境问题到消费者问题》,《中国论坛》, 第九卷第八期, 1980 年, 第 10 页。
② 林俊义:《从环境问题到消费者问题》,《中国论坛》, 第九卷第八期, 1980 年, 第 11 页。
③ 张俊杰:《谁都知道商品有问题》,《中国论坛》, 第九卷第八期, 1980 年, 第 35 页。

工作。

（一）《妇女新知》杂志社倡导下的妇女运动

早期的女权主义启蒙撒下了台湾 20 世纪 80 年代妇女运动的种子。"美丽岛事件"后，一些妇女知识分子，如李元贞、薄庆容、顾燕翎、郑至慧等，觉得妇女运动不能中断，因而于 1982 年 3 月 1 日成立了《妇女新知》杂志社，登记在台北市新闻局名下，会址设在台北市博爱路。"在当时戒严的社会氛围之下，妇运的运动策略是先成立一个合法的杂志社，除了可借着杂志的内容宣扬和官方不同的观点，同时也可以杂志社作为关心妇女议题人士的联系基地。"[①]"妇女新知"以"唤醒妇女、支援妇女，建立平等和谐的两性社会"为宗旨。其英文名为 Awakening，意为代表女性意识的自觉，作为达成社会改革，消除男女不平等的过程。王雅各认为，妇女运动就是"针对社会中的性别不平等所做的改善企图。在此企图中有两个元素：思想和行动"[②]。

创立初期的《妇女新知》为了避免社会的排斥和国民党的打压，"战战兢兢地步步为营，既不过分明张'女权意识'，也不与政治团体挂钩"，以温和的步调来争取社会的认同。此一阶段的"妇女新知"，主要是由中产阶级主导，主要参与者包括以下几类人：占大多数的 30 岁至 40 岁的高级知识分子、中产阶级，从事专业工作；25 岁至 30 岁的单身女性，大专学历，思想上脱离传统而独立；曾受惠于妇女团体的妇女。[③]就空间分布来说，这些女性大多来自台北市等大都会地区。总的说来，《妇女新知》的创办人们可以说是一群年龄相近并且具有相似生活经验的知识女性。由于都具有留学美国的经验，在造成整个台湾社会在观念和行动的变迁上，她们扮演了非常关键的角色。

"解严"之前的《妇女新知》主要是以杂志社的名义进行运作。在女性意识的社会启蒙方面，《妇女新知》除了在杂志上讨论有关妇女问题，鼓吹女性主义之外，也以实际行动来贯彻其宗旨，并促成了具体的立法成果。杂志社每月出版杂志，不定期地对外发表妇女问题的意见，举办座谈会、演讲，发表意见调查。如举办"女性如何防卫性骚扰""妇女的潜力与发展"等座谈会。从 1984 年开始形成年度主题的规划，如把 1984 年定为"保护妇女年"，1985 年为"家

---

① 何明修、萧新煌：《台湾全志·卷九·社会志社会运动篇》，南投："国史馆"台湾文献馆，2006 年，第 68 页。

② 王雅各：《台湾妇女解放运动史》，台北：巨流图书公司，1999 年，第 15 页。

③ 何明修、萧新煌：《台湾全志·卷九·社会志社会运动篇》，南投："国史馆"台湾文献馆，2006 年，第 69 页。

庭主妇年",1986年为"两性对话年"等。另外,1984年,"优生保健法"在"立法院"讨论期间,《妇女新知》联合其他社会运动团体,共154名妇女,联合签署了"我们对优生保健法草案第九条的最后呼吁"书面文件,希望赋予女性具有合法堕胎的权利。最终在《妇女新知》等社会团体的联合推动下,"优生保健法"获得通过,使得堕胎局部合法化。

总体而言,"妇女新知"是1980年代早期台湾社会运动的一个重要团体,它的成立对于台湾女性意识的觉醒,两性平等意识的开启和妇女问题的解决无疑具有积极的促进作用。但是,"解严"之前的"妇女新知"主要还是一个向内成长的组织,其早期的运动成果,特别是就外显的部分而言,是比较微小的。在社会关注度和社会影响力两个层面上,"妇女新知"的所作所为仅仅还只是一个开始。随着"解严"后台湾社会政治机会机构的改变,"妇女新知"更积极地参与到台湾社会运动的串联中来,在它的影响下,也催生出了更多的妇女团体。

《妇女新知》大事年表（1982—1998年）①

时间	事件
1982年	成立台湾第一个女性主义杂志社
1983年	举办为期一周的"8338妇女周"活动
1984年	发表《妇女性骚扰问题》; 发动七个妇女团体,将154位妇女联合签署之意见书送至"立法院",促使其通过"优生保健法"
1985年	针对家庭主妇设计系列活动,开发主妇人力资源
1986年	以"两性平等对话、互相了解、互相学习"为活动主题
1987年	联合32个妇女、少数民族、人权、教会团体,发动"抗议贩卖人口——关怀雏妓"活动; 声援"国父纪念馆"女服务员,抗议其年满三十岁或怀孕就必须辞职的规定
1988年	与妇女救援基金会发起救雏妓华西街前人游行,提倡两性平等教育,评析中小学教科书之刻板性别印象
1989年	完成"男女工作平等法草案",联合其他团体发表"十大妇女联合政见"

---

① 转引自王雅各《台湾妇女解放运动史》,台北:巨流图书公司,1999年,第79页。

续表

时间	事件
1990 年	1. 举办首次大专女生研习所 2. 成立"女性学研究中心" 3. 定期举办书报讨论会
1991 年	抗议将"妇女节"与"儿童节"合并成"妇幼节"的不当做法
1992 年	1. 提出"妇女宪章——一千万女性的心声",要求落实宪法男女平等之原则 2. 成立高雄市妇女新知协会
1993 年	1. 展开一整年的妇女健康讲座活动 2. 与"黑白屋影像工作室"合办首届"女性影像艺术展" 3. 举办"民间团体检视台湾艾滋环境"公听会 4. 出版《爱要怎么做——女人艾滋手册》
1994 年	1. 发起"牵手出头天,修法总动员"万人联署活动 2. 参与"民法第 1089 条""释宪"运动 3. 发起"522 女人连线反性骚扰"大游行 4. 声援邓如雯杀夫案,使其获得减刑
1995 年	1. 与台北市晚晴妇女协会带着三万民众签署的联署书,将"新晴版民法亲属篇修正草案"送进"立法院",并组成"婆婆妈妈游说团",实际监督修法工作的进行 2. 参与"国际艾滋纪念被单特展活动" 3. 举办"男女工作平等法"公听会,提出第五次草案修正版本,增订工作场所性骚扰防治相关条文
1996 年	1. 和妇女团体共同发起"女人一百"大游行 2. 游说"立法院"于九月三读通过"民法·亲属篇"部分条文修正案,废除子女监护权归父权条款,增订夫妻财产溯及既往的施行细则 3. 参与发起 1221"女权火,照夜路"夜间大游行
1997 年	1. 将年度主题定为"女人抗暴年",以纪念彭婉如 2. 与叶菊兰委员合办夫妻财产制系列公听会 3. 举办"两性工作平等研讨会"
1998 年	1. 推出"女人独立运动",举办女性独立的财产权、投票权、身体自主权,以及女人独立造家的基本权利 2. 出版《女选民完全投票手册》 3. 成立"婆婆妈妈法院观察团",记录法官审理家事案件的态度 4. 完成"男女工作平等法"第六版修正案

三、两种运动的比较：组织、策略上的异同及其社会影响

（一）"消基会"和"妇女新知"的组织架构及其运作策略

消费者文教基金会以知识分子、律师和社会公益人士为主体，其内部资源由固定的专业体系和义工组成。专业体系包括：董监事会下属的编辑部、发行部、财务部、检验部、企划部、申诉部等；委员会在 1985 年 6 月的时候有 13 个，法律、交通、保险、汽机车、食品、日用品、公用事业、旅游、房屋、绿色消费、医疗纠纷、媒体消费、卫生保健；顾问群，主要是网罗"立法""行政""监察"等体系中的人员。"消基会"早期的策略主要是透过媒体制造舆论压力，结合媒体的优势，成功介入处理重大消费案件。《妇女新知》杂志社成立初期成员仅有十余个社务委员，且大多数属于义务帮忙的性质，因此其早期的组织主要以李元贞为统筹，委员间的联系也以李元贞为轴心。杂志的发行量不大，并不足以维持组织运营，因此社务委员必须定期捐款，不足的款项由李元贞独立负责。在 1983 年举办的第一个大规模活动"8338"妇女周上，"妇女新知"获得了亚洲协会一万美元的资助，为其开展活动解决了部分经费。"妇女新知"早期的领导形态十分松散，基于对人才培养和组织向心力的考虑，才逐渐发展出集体领导与分工协作的工作模式。由于杂志社属于新闻业，其他新闻媒体基于不成文的业界内规，同业间的活动不会互相报道，因此新闻媒体也不愿报道其活动。并且杂志社是营利性组织，无法开立免税收据，在对外募款上也较为不利。诉求无法透过新闻媒体迅速传播、财务资源短缺，是造成"妇女新知"在 1987 年考虑改制为基金会的两个现实性因素。在杂志社时期解决的方法就是，每年三八妇女节举办较大规模活动，新闻媒体因节日的性质而无法刻意地排除"妇女新知"；另外，透过组织的人脉关系与其他社会团体合办活动，以减轻组织的财务压力。

从组织架构来看，"消基会"和"妇女新知"均属于以中产阶级为主体的社会运动团体。"消基会"由于消费者议题的大众性和普遍性，易于引起社会大众和社会舆论的关注。在运作策略方面，"消基会"主要是通过讲座、座谈、调查检验等方式来帮助消费者，自然受到社会大众的认可。另一方面，对台当局而言，也无法找出合理的理由来对其加以阻止。"妇女新知"通过温和的办杂志、举行讲座等方式，帮助有困难的妇女解决生活和精神上的困扰，尽量避免与台当局发生正面冲突。正如其创办人李元贞所讲："在我的经验中，通常警察一来，很多妇女就好被吓走……妇女还是很怕非法，所以我想办一个小杂志，而且它

会是一个合法的活动。"① 王雅各认为，"妇女新知"在 20 世纪 80 年代中期以前的运动方式比较"接近巩固内部、吸收新成员、强化组织和致力于维系刊物的正常出版"。② 虽然"消基会"与"妇女新知"这两个社会运动组织的成员都认为组织在推动社会运动的过程中扮演着重要角色，并且在对外出版的刊物中推广消费者运动和妇女运动的理念，声称组织对消费者、妇女运动的努力，但在组织章程等重要文件中，却明显地略过推动社会运动而不提。社会运动组织这样的做法，明显是在规避来自公权力机构、主管机构的干预。由此可见，启蒙阶段的消费者运动和妇女运动基本上都以求生存作为自身的最基本策略，尽量采取改良、温和的方式进行消费者和妇女在权利意识上的启蒙。

（二）启蒙阶段消费者运动和妇女运动的社会影响

王雅各认为："若以较为通俗和浮面的定义来看，在 1987 年之前，台湾是没有社会运动的。"③ 由于特殊的历史和社会情境，加上国民党政权在大陆的失败教训，使得国民党当局对群众行为非常敏感。由此可以想见，"消基会"和"妇女新知"展开的一系列消费者教育理念的宣导和妇女性别平等意识的教育是多么的艰难。但是，由于采取了较为得当的运动策略，它们很快取得了社会大众的支持和社会舆论的认同。它们通过教育、参与等温和的改良方式，迅速扩大了其社会影响力，这为 20 世纪 80 年代台湾的社会运动的兴起奠定了一定的历史基础，使台湾社会运动的发展开始进入到启蒙阶段。消费者运动和妇女运动的主要功绩和历史意义就在于唤醒了社会大众沉睡多年的权利意识，并且通过自身行动感召着其他社会群体成员的社会实践和参与。在第一波社会运动的带动下，处在社会边缘的少数民族群体和以中产阶级为主的关心环保的人士也发动了各自领域的社会运动，将 20 世纪 80 年代台湾社会运动推向前进。

第二节　台湾社会运动的成长（1983—1986）

在消费者运动和妇女运动的带动下，从 1983 年开始，台湾更多的社会群体参与到各自领域内的社会运动当中来，推动了 20 世纪 80 年代台湾社会运动的进一步发展。在成长阶段，台湾社会运动的社会空间更加扩大，参与群体也更

---

① 王雅各：《台湾妇女解放运动史》，台北：巨流图书公司，1999 年，第 65 页。
② 王雅各：《台湾妇女解放运动史》，台北：巨流图书公司，1999 年，第 67 页。
③ 王雅各：《台湾妇女解放运动史》，台北：巨流图书公司，1999 年，第 63 页。

为广泛，社会运动的数量和议题也逐渐增多。在本节的篇幅中，笔者主要以少数民族社会运动和环保运动为代表来分析成长阶段台湾社会运动的基本情形。

一、台湾少数民族社会运动

（一）台湾少数民族社会的危机

国民党败退台湾后，"山地平民化"成为国民党当局少数民族政策的总目标。在此政策下，台湾少数民族各族群面临着经济、文化、社会等领域的重重冲击。自1960年后，山地经济急速被纳入台湾资本主义经济体制之中，山地社会的依赖性格日渐严重。"近十余年来，台湾工商业经济发展突飞猛进，影响所及，整个平地社会不论穷乡僻壤，一片新貌。这急剧的社会变迁透过资本主义的货币商品经济，也强烈地侵蚀着山地的社会与经济。"[①]少数民族的土地所有权受到侵害，收入偏低，生活陷入困境。在市场经济的冲击下，少数民族也面临着人口贩卖与色情交易的威胁，原有的社会组织濒临解体。在教育方面，少数民族学生不能迅速适应汉语教育，受过高等教育的人口比例明显偏低。高山族的"文化、语言在平地强势消费文化和强势语言的影响下，迅速趋于消亡"。[②]

总的来说，随着国民党实行的不平等的山地政策的持续和台湾工业化的进行，台湾少数民族遭受到巨大的冲击，少数民族社会面临着重大的社会危机。在此一背景下，少数民族的知识青年和知识分子开始关注少数民族社会，通过自身的努力，帮助少数民族争取平等的社会待遇，并唤醒少数民族社会意识的觉醒。

（二）唤醒少数民族：《高山青》和"少委会"

1、《高山青》杂志的创立及其主要内容

在少数受过大学教育的少数民族知识青年的努力下，借助于汉人社会的资源支持，台湾大学的少数民族学生于1983年5月1日创办了《高山青》杂志。这四名学生分别是台大国贸系四年级生林文正、历史系三年级生林宏东、法律系的杨志航和政治系三年级生夷将·拔路儿。第一个发起创刊的是来自桃园县的泰雅人林文正，他受到党外杂志的影响，认识到刊物对推动运动的重要性。

[①] 夷将·拔路儿主编：《台湾原住民族运动史料汇编》（上），台北："行政院原住民族委员会""国史馆"，2008年，第29页。

[②] 夷将·拔路儿主编：《台湾原住民族运动史料汇编》（上），台北："行政院原住民族委员会""国史馆"，2008年，第30页。

因此，四人在商议后，由林文正担任主编和主要写手，由杨志航负责誊写，四个学生自掏腰包，每人拿出 200 元新台币首印了 300 份。创刊号鼓吹"台湾高山族民族自觉运动"，开宗明义强调《高山青》存在的价值就是为了要"激发高山族的自觉奋起"以及"力倡高山族团结"。[①] 在创刊号的发刊词中，明确提出了创刊的目的："我们是一群热爱政府、守法重纪、关怀乡土的山地青年。为促使'山地现代化'——政治运作民主化、经济发展系统化、社会福利全面化、传统文化生活化、心理建设加强化、教育机会平等化、宗教生活平实化的早日实现，特发行此刊。"

发刊词呼吁："山地青年朋友们！奋起吧！沉睡了三四百年，是觉醒的时候了！！"[②]

以《高山青》杂志为核心的少数民族知识青年主要是通过发行杂志，发表文章来揭露当时台湾少数民族社会的危机，启发少数民族社会意识的觉醒。《高山青》共发行了 6 期，除了创刊号号召少数民族的觉醒外，第二期主要是破除"吴凤神话"，还原真实的少数民族历史。第三期以"破碎的山地社会"为题，拒绝当局以不合理的开发管理办法协助资本家不合理开发少数民族赖以生存的土地。第五期主要是针砭 1986 年的一部纪录片《唐山过台湾》，批判将片中视为汉人民族英雄的吴沙，认为其是"强取豪夺"少数民族土地的"冒险英雄"。纵观六期的《高山青》，"是当时受过教育的原住民知识青年自发性的组织，也是最真诚与热情的呐喊。……已经成为当时许多原住民青年启蒙的摇篮，也为后续的原运带来强劲的后作力"。[③]

《高山青》发行后，杂志社通过各种努力尽量使更多少数民族能够看到这份杂志上所刊载的文章，第五期中的一首小诗即证明了它发行的目的：

> 在这苦难的时代
> 我们应该奋起
> 在这忧患的岁月

① 夷将·拔路儿等编著：《台湾原住民族运动史料汇编》（上），台北："行政院原住民族委员会""国史馆"，2008 年，第 18 页。

② 夷将·拔路儿等编著：《台湾原住民族运动史料汇编》（上），台北："行政院原住民族委员会""国史馆"，2008 年，第 27 页。

③ 夷将·拔路儿等编著：《台湾原住民族运动史料汇编》（上），台北："行政院原住民族委员会""国史馆"，2008 年，第 20 页。

我们必须坚强

如果你同意这一点点声音

这一丝丝的关怀

如果你相信这份刊物

能为山之子民

带来一些什么

请你把这份来自高山上的讯息

传递给周围的亲朋好友

并告诉他们

山地永远是他们

来过爱过活过的故乡

又如，在1983年5月举行的北区山地大专学生联谊会现场，杂志社成员将其发放给三百多位少数民族学生，并在刊号上注明"内部发行""看后请传阅"的字样，以期待更多的少数民族能够看到。总的来说，《高山青》的历史意义在于少数民族知识青年通过自身的努力，"促成了泛原住民意识的形塑，成为日后更激进原运的基础"。①

2."少委会"

1984年4月4日，在胡德夫、苏庆黎和陈秀贤等人的召集下，台湾"党外编辑作家联谊会"鉴于台湾少数民族面临的严重危机，特别联合所有关心少数民族权益的山地人和平地人，成立了"少数民族委员会"（简称"少委会"），会址设在台北市新生南路三段。"少委会"成立的目的有二："在消极方面，我们要揭发执政当局不当的少数民族政策，以及整体台湾社会对少数民族的压迫；在积极方面，我们要宣扬有关少数民族权益的进步思想，以促进'宪法'所赋予少数民族的权利"。②

"少委会"较之于《高山青》在社会层面上影响更大。它将理论与实践相结合，把运动的方式转化为批判社会现象，解决社会问题，已经拥有了一定程度

---

① 何明修、萧新煌：《台湾全志·卷九·社会志社会运动篇》，南投："国史馆"台湾文献馆，2006年，第73页。

② 夷将·拔路儿主编：《台湾原住民族运动史料汇编》（上），台北："行政院原住民族委员会""国史馆"，2008年，第64页。

的社会资源。成立仅一个月后，"少委会"就建立了"山地资料中心"，专门收集有关少数民族的资料信息。6 月份先后在台北和高雄两地举办了"台湾山地问题演讲会"和"台湾山地文化座谈会"，专门探讨山地问题和山地文化的特色。同月 20 日海山矿灾①发生后，"少委会"组建了调查队，奔赴矿难现场调查山胞遭受损失情况，并展开募捐。通过调查，"少委会"发文表明："海山煤矿灾变暴露的不仅是台湾煤矿业的脆弱和台湾劳动者的保障问题，更暴露了台湾高山族被压迫在我们社会最底层的事实！我们要呼吁全体社会不但要积极伸出援手及时协助受难家属，而且应重视高山族同胞所面临的种族灭绝危机！"②随后在 24 日，"少委会"特别在台北举办了一场"为山地而歌"的演唱会并发行山地歌谣专辑。胡德夫为此专门写了首名为《为什么？为什么》的歌曲③。会后，"少委会"成员兵分两路在台北西门町沿街募款，当天为海山死难山胞总共募集资金 155000 新台币和 5000 美元④。

在《为山地而歌》专辑开头的一篇文章中，提到了"少委会"的奋斗目标：实现各民族一律平等的"宪法"精神，制定一项永久性的高山族政策，以实现少数民族区域自治为终极目标。"少委会"从成立到解散虽不到短短九个月时间，但已经引起了社会上更多人对少数民族社会的关注。

通过努力，《高山青》和"少委会"已经为台湾的少数民族运动奠定了一定的理论基础和组织基础，"台湾原住民权利促进会"就是在这样的背景下发展起来的。

（三）寻求认同："台湾原住民权利促进会"

"台湾原住民权利促进会"整合了原来单纯进行少数民族社会权利意识启蒙的《高山青》和"少委会"的基本成员，把寻求少数民族的社会认同作为其诉求目标，将少数民族运动继续向前推进。1984 年 12 月 29 日上午 10 时，包括少数民族和汉人在内的 24 人，在台北市马偕医院召开大会，会议历时 4 个小时，成立了"台湾原住民权利促进会"（简称"原权会"），会址设于台北市和平

---

① 在此次矿灾中有 72 位矿工死亡，其中 39 位是山地人。整个海西煤矿 800 余名工人当中，高山族占到了 500 余人。

② 《台湾高山族的呐喊》，夷将·拔路儿主编《台湾原住民族运动史料汇编》（上），台北："行政院原住民族委员会""国史馆"，2008 年，第 66 页。

③ 其中歌词中有这样几句："为什么，这么多的人，离开碧绿的田园……为什么，这么多的人，涌进昏暗的矿坑……为什么，这么多的人，走不回自己踏出的路，找不到留在家乡的门。"

④ 《党外编辑作家联谊会会讯第一期摘录》，夷将·拔路儿主编《台湾原住民族运动史料汇编》（上），台北："行政院原住民族委员会""国史馆"，2008 年，第 90 页。

西路二段，由卑南人胡德夫担任会长。在"原权会"成立的同时，原来的"少委会"也随即宣布解散。"原权会"的成员主要包括《高山青》的主要成员及"少委会"的部分成员，以及"台湾基督教长老教会"部分少数民族牧者、神学院的学生和在都市工作的少数民族等。虽然和"少委会"有某种连带性质，但"原权会"在宗旨的主张、理念的整合、组织架构和工作手段上，明显地超过了"少委会"。"原权会"的成立，标志着台湾少数民族运动正式开始了组织化的形态。"原权会"以少数民族社会的权利需要和追求为其依归，强调超越种族、宗教和宗派，其宗旨为"以服务、文字、言论、和平行动等方式，保障并促进台湾原住民之权利"。"原权会"在成立的当天下午举办了一场座谈会，由社会学家张晓春和法学专家郭吉仁就如何做好服务，促进少数民族权利工作展开讲座，并进行探讨。成立当晚，举行了名为"小米之宴"的少数民族除夕义卖晚会，筹得款项计 233500 元。[①]

"原权会"成立后所做的一项重要活动就是为少数民族正名。在"台湾原住民权利促进会章程"的第一条中明确定义"原住民"一词，包括含平埔、阿美、泰雅、布农、排湾、卑南、鲁凯、赛夏、曹、雅美、邵等十一族群。这一定义排除了过去"高山族""少数民族""山胞"等多种称谓，统一称为"原住民"。1985 年 2 月，"原权会"开始发行以《原住民》命名的会讯[②]。"解严"前总共发行了三期，这是"原权会"的个案服务时期，会讯内容详列服务的据点与服务的成果报告，也是"原权会"寻求一般少数民族社会认同的阶段。《原住民》会讯一、二期刊出后，遭到新闻出版单位的查禁，"原权会"决定正式提出以"原住民"命名的杂志申请，但无奈被台新闻主管机构驳回，遂改名为《山外山》杂志，于 1985 年 7 月 15 日正式创刊。这个命名隐含着"原权会"的自我期许，"在现实的不公不义之外，希望'山外山'成为原住民追求公平、正义、喜乐、幸福的山"。[③]

纵观这几期的会讯和杂志内容，可以看出，"原权会"在唤醒全台社会对少数民族社会的关注和启蒙少数民族的社会权利意识之外，还从政策、历史、文

---

① 《台湾原住民权利促进会财务报告》，夷将·拔路儿主编《台湾原住民族运动史料汇编》（上），台北："行政院原住民族委员会""国史馆"，2008 年，第 118 页。

② 《原住民》会讯第一期刊出时间为 1985 年 2 月 15 日，第二期刊出时间 1985 年 3 月 23 日，第三期刊出时间是 1986 年 7 月 15 日。

③ 《编辑室笔记》，夷将·拔路儿主编《台湾原住民族运动史料汇编》（上），台北："行政院原住民族委员会""国史馆"，2008 年，第 129 页。

化和实践等层面对少数民族社会存在的问题进行揭发和探讨。在第一期会讯中，主要是"原权会"领导人和相关学者阐述对少数民族政策及少数民族社会现况的看法和思考。胡德夫发表了《我不是第一个，更不是最后一个》的报告书，现身说法讲述自己为什么走上为少数民族摇旗呐喊的道路；"中研院"民族学研究所研究员陈其南在专访中讲到了对"原权会"的支持和期许；"原权会"的相关工作人员也谈到了积极支持"原权会"的原因。在第二期会讯中，开始关注个案，刊出了《新店溪畔阿美人家园可能毁于一旦》的特别报道，当期社论还对大众传媒丑化少数民族的行为进行了谴责；《山外山》更是直接关注到少数民族社会的日常生活当中，如雅美青年对核电废料厂所在地兰屿由"美丽岛"变为"核废岛"的控诉，对少数民族祖坟被迁移到平地而远离家园的事实进行了"还我祖坟！还我家园"的报道，对土地被占领的历史进行了揭露；第三期会讯更加关注少数民族社会的真实生活，呼吁当局废除少数民族办理入山证的规定；讨论了使少数民族社会可能发生"乱伦"婚约的"冠汉姓汉名"的政策，认为这才是山胞"乱伦"的罪魁祸首。

除了会讯和杂志发表的文章外，"原权会"还走进少数民族社会，亲自参与到帮助少数民族维权的实践当中。根据 1986 年 1—5 月份的"原权会服务部工作统计"，"原权会"对少数民族进行法律上的解答共计 25 次，帮助少数民族恢复投票身份人数为 50 人，帮助少数民族介绍工作 20 余次，一般性解答 25 次，急难救助 7 次，家庭访谈 5 次，帮忙上诉 7 次。[①]

对于"原权会"在"解严"前所取得的成绩和社会影响，可以从公权力机构和社会两个层面来看。就公权力机构层面而言，"原权会"的工作改变了公权力机构长期以来对少数民族社会所持有的既定政策、工作方式和态度。"内政部""司长"居伯均表示将把"吴凤荒谬神话"从教科书中删除，执政党社工会也组成了临时的都市山胞生活调查团，关注少数民族社会存在的问题。"行政院农委会"也对海外被扣押的百名少数民族渔民进行了积极营救，省民意代表也开始促使省政府取消了一年前无缘无故制定的"山地人入山管制办法"。就社会层面而言，主要是 1985 年台湾中学地理课本中统一了"台湾原住民"的称谓，报章杂志也开始以"原住民"来称呼原来带有歧视性的称谓。

总的来说，从 1983 年开始，台湾的少数民族社会运动已经逐渐成长起来。

---

① 《原权会一年来的回顾与检讨》，夷将·拔路儿主编《台湾原住民族运动史料汇编》（上），台北："行政院原住民族委员会""国史馆"，2008 年，第 158 页。

《高山青》、"少委会"和"原权会"通过一系列的运作，已经将台湾的少数民族社会运动推向正常的轨道，在少数民族社会意识的觉醒和少数民族社会的认同方面发挥了重要作用。

二、由民间草根力量发动的台湾环保运动

继少数民族社会运动之后，台湾的民间社会也发起了带有自力救济性质的环保运动。"解严"前的台湾环保运动主要分为反对既有污染源和反对新增污染源两种类型，大里"反三晃"运动和鹿港"反杜邦"运动可为其代表。这一时期的环保运动，在运动策略方面开始出现了肢体抗争的新形式，抗争手段也更加多样化。民间环保运动的兴起，标志着台湾草根力量的正式崛起。在环保运动的带动下，台湾社会运动开始扎根于台湾社会，其社会基础和成长空间进一步扩大，20世纪80年代台湾社会运动也由此得到进一步的发展。

（一）反对既有污染源：大里"反三晃"运动

其实早在1982年4月，台中县大里乡就拉开了反对三晃化工厂污染运动的序幕。但直到1986年4月27日，"台中县公害防治协会"才正式宣告成立，这是台湾第一个由官方核准立案的民间环保团体，是台湾最早的草根环境组织。它的成立，标志着台湾的民间社会开始在社会运动中发挥力量，台湾的环保运动才正式开始。

三晃化工厂始建于1976年，厂址设在台中县大里、太平、雾峰乡的交界地带，从事原料生产，提供下游工厂制造农药。长期以来，工厂所排放的废水、废气对当地居民造成了严重的影响。"尤其是三晃农药厂的废气污染更令人难受，民众经常因废气而泪流不止，儿童在学校操场竟被废气熏倒，居民日夜担心受怕。"[1]1982年4月底，小学退休美术教师黄登堂等人向正在巡视大里乡的台中县县长当面递交陈情书，要求"责令害公众的农药化工厂迁离他区，以保护仁化、涂城、内新等村居民生命安全。"[2]随后大里乡居民开始了漫长的递交陈情书、检举书和请愿书等的维权过程。黄登堂等人先后写信给台中县政府、县卫生局、调查站、县议会、县议员、警察局、省政府、省议会、省卫生处、工矿检查委员会、省议员、"立法委员"等，然而行政机关不仅回函缓慢，并且对

---

① 施信民主编：《台湾环保运动史料汇编》（1），南投："国史馆"，2006年，第39页。
② 《台中县长巡视时呈送之陈情书》，施信民主编：《台湾环保运动史料汇编》（1），南投："国史馆"，2006年，第41页。

污染束手无策。"就像台湾其他公害现场一样，居民从乡、县、省、'中央'一路陈情，但是到处受挫，有记录的陈情至少有 396 次之多。"[①]

在陈情、请愿未果的情况下，1984 年 12 月 18 日，大里乡的居民由村长、校长和地方绅士牵头向县政府社会科提交成立"吾爱吾村公害防卫会"的申请。直到 1985 年 5 月 2 日，县政府社会科官员才口头答复"公害防卫会"申请资料已送达审核。6 月 4 日，大里乡居民又遭受毒气侵害，流泪不止，200 余人前往三晃农药厂进行抗议，一度掀翻了总经理办公室。次日在大里乡民众服务分社举行协调会，由省环保局刘邦裕主任主持会议。最终"三晃"董事长童一雄和居民代表吴天来村长等 5 人立下切结书，限定"三晃"公司在 1986 年 7 月 31 日前必须迁厂。1986 年 4 月 27 日，台中县公害防治协会举行成立大会，黄登堂任第一届理事长。7 月 1 日，协会代表与省环保局、县卫生局等相关政府单位和"三晃"公司进行协商，"三晃"保证 7 月 31 日前停工。在台中县公害防治协会和大里乡居民的共同努力下，"三晃"公司最终宣布停产并解散了员工，"三晃案"宣告落幕。

（二）反对新增污染源：鹿港"反杜邦"运动

1985 年 8 月，台湾经济主管机构通过了美国杜邦公司在鹿港漳滨工业区设置二氧化钛厂的决定。消息一出，立即造成了当地居民的恐慌和反对。[②] 1986 年初，两位地方选举候选人发起了"万人签名反杜邦陈情运动"，很快签名人数突破了 10 万人次。6 月初，在当地青商会和木工工会等团体的支援下，鹿港成功举办了"反杜邦"海报看板活动，在中山路两侧，漫画宣传的看板林立，"其内容的层次之高，已到达批判跨国公司和经济成长神话的程度"。[③]6 月 24 日上午八点半，地方反对人士在李栋梁议员的带领下发动了台湾反污染运动史上的第一次游行。参加的群众人数计有上千位，地方当局也出动了五六百名左右的警察以维持秩序。[④]集会群众半数穿着印有"我爱鹿港，不要杜邦"的标语运动衫，由两位小男孩做前导，高举"求求您不要抛弃我们""鹿港需要古迹不要污染"的抗议板，游行队伍沿途高喊"我爱鹿港不要杜邦""反对杜邦鹿港万岁"

---

① 何明修、萧新煌：《台湾全志·卷九·社会志社会运动篇》，南投："国史馆"台湾文献馆，2006 年，第 63 页。

② 在此之前，鹿港人已经感受到了环境污染之害。位于彰化市台化的环境污染和 1979 年邻近的福兴乡发生的米糠油中毒事件，早已令鹿港人对环境污染感受颇深。

③ 《台大学生杜邦事件调查团综合报告书》，台北：牛顿出版社，1986 年，第 20 页。

④ 施信民主编：《台湾环保运动史料汇编》（1），南投："国史馆"，2006 年，第 269 页。

等口号，沿中山路向天后宫方向迈进。虽然游行路线只有大约一公里的路程，但游行队伍的抗议活动得到了当地居民的大力支持。他们燃放鞭炮、欢呼鼓掌，为游行队伍加威助势。这次游行活动经过电视媒体的报道，在台湾引起了极大的震撼。不到10天后，"行政院长"俞国华即表示，"关于杜邦公司设厂事，必待有关机构将来对地方人士详加说明，确能消除民众顾虑后始准建厂"。①

1986年10月12日，"彰化公害防治协会"在鹿港小学宣告成立，由李栋梁担任理事长。至此，鹿港"反杜邦"运动有了组织上的雏形。在彰化公害防治协会的领导下，鹿港三百余名民众手持"怨"字标语，于1986年12月13日前往"总统府"请愿。当日下午请愿队伍在"中国人权协会"举行的"工业发展与环境权讨论会"会场外静坐，抗议杜邦设厂。"这场抗议活动不但是前无古人，因为过去没有人敢在'总统府'的敏感地区进行反对活动；更是后无来者，因为不久博爱特区设立，以安全为由禁止一切游行集会活动。"②面对鹿港居民的强烈反对，美国杜邦公司总经理柯思禄不得不在1987年3月12日正式宣布取消在鹿港的设厂计划。③3月23日，彰化县公害防治协会发动30个角头、庙宇举行大游行，庆祝杜邦撤销设厂计划。

（三）"反三晃"运动和"反杜邦"运动的历史意义

"反三晃"运动是当地民众反对既有污染源的环境抗争运动，"反杜邦"运动则是鹿港民众反对新增污染源的环境运动。受污染地区和将要受到污染地区的民众，为了保护自己的生活环境和生活方式，通过自力救济的方式发动了抗争，从而成为"台湾第一梯次的环境运动者"，这象征着台湾民间社会开始走向成熟。成长阶段环保运动的发生，各路媒体的相继参与，反映出台湾民众环保意识的觉醒。另外，"反杜邦"运动中所运用的标语和口号，也成为后来台湾社会运动所采用的基本手段，成为运动动员的基本形式。总的说来，到了1986年前后，"三晃、李长荣、杜邦三件抗争案宣布台湾环境运动的诞生"。④虽然当时整个台湾仍处于"戒严"之中，但草根力量通过自身的努力发动的抗争运动，已然冲破了"戒严"体制的铁幕封锁，这等于"提前宣布了环境戒严的结束，

---

① 施信民主编：《台湾环保运动史料汇编》（1），南投："国史馆"，2006年，第285页。
② 何明修、萧新煌著：《台湾全志·卷九·社会志社会运动篇》，南投："国史馆"台湾文献馆，2006年，第64—65页。
③ 杜邦公司于1989年在观音工业区设厂。
④ 何明修、萧新煌：《台湾全志·卷九·社会志社会运动篇》，南投："国史馆"台湾文献馆，2006年，第65页。

蛰伏已久的各项社会力蓄势待发"①。与此同时，其他议题的社会运动也即将上演，更大的社会运动风暴即将来临。

第三节　台湾社会运动的深化（1987—1989）

从政治过程理论出发，1987 年台湾的"解严"无疑为同时期的社会运动提供了展现自我的"政治机会结构"。在"解严"当年和之后的两年内一共新出现了八种不同议题的社会运动，分别为劳工运动、农民运动、教师人权运动、残障及福利弱势团体的抗议运动、老兵运动、政治受难者人权运动、客家权益运动和无住屋运动。另外，之前就已出现的妇女运动和环保运动在这一时期也得到了迅猛发展。特别是农民运动和劳工运动的勃发，无论是在规模、参与人数和抗争策略、方式等方面，都与之前兴起和发展阶段的社会运动有所不同，社会运动组织间集结、串联甚至相互结盟的现象时有出现，抗争中也常伴有暴力事件的发生，这说明台湾社会运动已经进入激进化的阶段。

这一阶段的台湾社会运动较之于此前的两个阶段表现出明显的不同，具有如下几个方面的特点：首先，社会运动的数量急剧增加，社会运动涉及的议题也更为丰富、多元；其次，社会运动组织纷纷成立，社会运动在规模和空间上不断扩散；再者，社会运动的抗争方式变得激进起来，群众动员路线开始抬头；第四，社会运动组织间开始串联、结盟，政治联盟策略开始形成；最后，社会运动的参与群体更为广泛，基本涵盖了台湾社会的各个阶级与阶层。

需要特别说明的是，台湾社会运动的激进化并不完全意味着抗争手段的暴力化，而是更加侧重于抗争规模在质和量两方面的成长。在社会运动激进化的同时，1989 年新兴的无住屋运动却开辟出了社会运动的新模式，运动组织者有意将该项运动和政党或其他政治力量独立开来，尽量保持运动的纯粹性，并且采用理性、和平的抗争策略，以诙谐、幽默的嘉年华方式表达运动的目标诉求，这显露出社会运动的制度化转型趋势。

---

① 何明修、萧新煌：《台湾全志·卷九·社会志社会运动篇》，南投："国史馆"台湾文献馆，2006 年，第 65 页。

一、台湾农民运动的开展

（一）战后台湾农村的发展及其危机

1953 年台湾土地改革结束后，台湾农民阶级分得了一定的土地，生活状况有所改善，农村地区有了欣欣向荣的发展，农民阶级也成为国民党政权背后的巩固性力量。自耕农的比例从 1948 年的 33% 增加到 57%，半自耕农比例从 24% 下降到 22%，佃农则从 36% 降到 15%，小农户成为台湾农村最大多数人口，地主阶级从农村中消失。[①] 但是台湾当局从 1953 年开始采取了 "以农业培养工业，以工业发展农业" 的策略，致使台湾农村遭到了 "发展式的榨取"，即 "自政策上采取措施促进台湾农业生产量的提高，以制造人力及物力的 '剩余'，并将此种 '剩余' 转移到非农业部门"。[②]1963 年台湾工业生产总值首次超过农业净产值。1968 年后，台湾农业的发展因受到工商业快速发展的影响而陷入困境，农村地区也出现了严重的社会危机，出现了众多的社会问题。这些问题包括：农村劳动力的外流、农业投资不足、农业收益相对较低、人口老化、缺乏社会福利等。据 1987 年的资料统计，台湾的农民，职业为务农者约占总就业人口的 15% 左右，其中绝大多数为自耕农，且有 90% 以上是兼业农。年龄在 51—65 岁之间的农民占到了 86%，小学和不识字者占 85.4%，平均年收入仅 164860 元，为各职业中最低。[③] 据估计，1966 年年收入在三万新台币以下的农家所必须缴纳的税额，大约是同样收入的非农家庭的 4.15 倍。而同期每一农家的收入却只有非农家庭收入的 70% 不到。[④] 在台湾经济结构的快速转型下，台湾农民已不再是人口结构中的多数，其教育程度之低和收入之低，已然沦为社会上的弱势群体。

面对农业遭受到的危机，台湾地方政府一直拿不出有效的应对办法。虽然台湾当局从 1972 年开始实施 "加速农村建设九大措施" 的 "新农业政策"，但这仍然无法挽回农村颓废的局势。随着 20 世纪 80 年代国民党威权体制的松动，民间社会所兴起的议题多样的社会运动开始不断冲击国民党政权以往的统治模

---

① 丘延亮编：《运动作为社会自我教习》（上册），台北：台湾社会研究杂志社，2008 年，第 15 页。

② 吴旻仓：《台湾农民运动的形成与发展（1945—1990）》，台湾大学硕士论文，1991 年，第 25 页。

③ 简慧桦：《政府权力与农民抗争——以 1895 年至 20 世纪 80 年代台湾农民运动为例》，台湾大学硕士论文，1998 年，第 101 页。

④ 丘延亮编：《运动作为社会自我教习》（上册），台北：台湾社会研究杂志社，2008 年，第 25 页。

式。"解严"之前就出现了规模较小而温和、以寻求地方政府的救济补偿为目标、没有固定化组织形态的农民抗争。较有代表性的农民自力救济抗争事件有：嘉义新港抗议农地征收问题、林场放领事件、云林地区农民抗缴水租运动和彰化葡萄农抗争事件。[①] 其中云林地区农民抗缴水租运动可以看作大规模农民抗争与组织化的一个开端。

（二）"解严"后台湾农民运动的兴盛及其激进化

"解严"后迅速兴起的农民运动以台中东势与山城地区的生产柑橘及温带水果的果农为主。果农由于从事水果等经济作物的种植和生产，对价格因素格外敏感。台湾当局为了平衡台美贸易逆差而采取了开放水果进口的政策，这使得台湾本土水果的销售受到了很大影响，因之引起了果农的强烈不满。处于社会最底层，一向被视为是善良、温顺、保守的农民阶级从自身的利益考量出发，把对当局的不满情绪在实际的抗议行动中宣泄和表达了出来。自 1987 年 12 月 8 日开始，台湾农民运动组织先后发动了五起大规模的抗争活动。除了"解严"当年的"一二八抗争活动"外，其余 4 次都发生在 1988 年，分别是"三一六"农民运动、"四二六"农民运动、"五一六"农民运动和"五二〇"农民运动。这些大规模的农民运动主要以台湾果农为参与主体，均以台湾的农政政策为抗议目标，抗议对象为"行政院""立法院""总统府"和"国贸局"等核心单位，尤其以"五二〇"农民运动更为典型和具体。

台湾农民运动的开展建立在农民运动组织产生的基础上。1987 年 11 月，因台湾当局开放岛外水果进口，台湾中部地区果农在林丰喜等人的协助下，组成了山城区农民权益促进委员会，并发表宣言谴责当局牺牲农民的利益，呼吁农民团结起来争取权益。经由串联，山城区农民与其他来自彰化、台中、苗栗和宜兰的三千余名果农于 12 月 8 日集体赴"立法院"和"行政院"请愿，抗议水果进口造成台湾本土水果价格惨跌。[②] 这是战后台湾农民首次走上街头，以集体请愿的方式向台湾当局进行抗争，要求自身权益得以保护。在这次农民集体请愿活动的影响下，台湾果农的权利意识逐渐觉醒，果农组织之间进一步联合起来，在 1988 年发动了更大规模的农民运动。1988 年 3 月 16 日，山城区农民权益促进会联合其他各地农民权益促进会共同发起反对农产品开放的抗议行动，

---

① 嘉义新港抗议农地征收事件由 1986 年 5 月持续到 1987 年 7 月，抗争对象为嘉义县政府；林场放领事件发生在 1987 年上半年，抗议对象为省农业厅。

② 《民进报》第一期，1988 年 3 月 12—18 日。

约四五千名果农前往"美国在台协会""国贸局"和国民党中央党部进行抗议。这次抗议行动中参与者除了果农之外，还有其他非农民身份的政治及社会团体，包括工党、夏潮联谊会、《南方》杂志社、绿色和平工作室、环保联盟、进步妇女联盟、高雄后劲"反五轻"自救会、"立法院"二十名民进党"立委"助理和北区八所大专院校学生等。游行群众高举"农亡'国'亡""农政千古""我们要活下去"等各种标语，以此表达自身的诉求。一个月后的4月26日，在台美贸易咨商会举行期间，近五百名果农携带农具，分乘八十余辆农机车和卡车，手持布条标语、传单、看板及海报，前往"美国在台协会"、国民党中央党部和台北市警察局递交陈情书和抗议书。其间警民发生了几次冲突，被激怒的农民以果菜弹来投掷前来维持秩序的情治人员，最后还以农机车冲撞"总统府"前的铁丝网。这次抗争之后，台湾农民运动的抗争方式开始变得激进起来，肢体冲突和暴力事件也逐渐增多。除了果农外，稻农也通过抗争要求自身的权益。5月16日，高雄县六百余名稻农北上包围了省政府，要求政府提前开办当地农民健康保险。请愿过程中抗议农民与前来维持秩序的警察爆发了激烈冲突，造成多人受伤。

兴盛期的农民运动，在"三一六""四二六"和"五一六"的抗议事件上，都属于个别议题的性质，运动诉求较为单一，直到"五二○"农民运动才提出了符合全台所有农民的共同诉求。1988年5月20日，云林县农民权益促进会联合其他各地"农权会"发起了"五二○大游行"，共计数千名农民参与。游行队伍由林国华担任总指挥，分别前往"立法院""行政院"和国民党中央党部进行抗议，并提出七项诉求，分别是：要求台湾当局编列二十一亿元新台币，全面办理农保及农眷保，且与公、劳保享同等待遇；降低肥料售价；增加稻谷计划收购量；废除农会总干事遴选办法；水利会应纳入编制；设立"农业部"；开放农地自由买卖。① 在当日下午的游行过程中，警方出动了五千余名警员维持秩序，现场不断有警民冲突发生。晚间七点后，抗争行动转为街头暴力事件，警民双方均已失控。据《联合报》报道，在游行队伍中出现了游行群众以饮料、罐头，甚至石头、棍棒来反击镇暴部队的情形，而镇暴部队也动用了水柱来击

---

① 《今天五二○，农民进城来，多卡载菜蔬，阵容很可观》，《联合报》，1988年5月20日，第3版。

退游行群众。① 据《民进周刊》的特别报道，"五二〇事件"至少有 130 多位被强行逮捕的民众，其中因具有学生身份而在 24 小时内被释放者有 30 多人，因行动较为缓和或"另有隐情"而被交保释放者有 6 人，剩余的 96 人均被关押于台北县土城看守所等候侦讯。② "五二〇事件"发生后，农委会和省农林厅对此表示遗憾，李登辉也表示当局应加强农村建设和重视农村问题，并承诺于次年七月一日起全面实行农民健康保险。

"五二〇"农民运动把 20 世纪 80 年代台湾农民运动推向高潮，也表明农民运动已经完全激进化。相较于此前其他几次农民运动，"五二〇"农民运动具有如下几个特点：首先，示威时间最长。由中午 12 时游行开始到第二天凌晨 1 点 30 分结束，整个运动长达 13 小时之久；其次，持续冲突时间最久。从晚间七点开始，这场农民运动就转为警民双方的暴力冲突；第三，抗议现场最多。游行队伍先在孙中山纪念馆前集结，然后分别前往"立法院""行政院"和国民党中央党部、"警政署"等部门游行示威；第四，进行抗议被捕及受伤人数最多。据统计，共有 60 余名警民在此次事件中受伤；第五，警察和示威群众都很凶悍，示威过程中一度出现了汽油弹。③

但是，由于"五二〇事件"中警民双方发生了严重的冲突，特别是官方对农民运动的严厉打击，严重挫伤了农民抗争的积极性，也使得"五二〇"农民运动成为 20 世纪 80 年代台湾农民运动的转折点。农民运动行至高峰而又戛然而止，这一方面显示出农民运动抗争策略、方式中的群众主义路线存在一定问题，另一方面也反映出台湾当局对于社会运动容忍度的下降。

"五二〇事件"之后，由于意识形态的差异与运动理念的不同，台湾农民运动团体分裂为两个跨地区的农运联合组织：台湾农民联盟（农盟）和台湾农权总会（农总）。"农盟"主要代表果农的利益，而"农总"则反映出稻农的声音。农民运动组织的分裂，表明农民运动由兴盛而急剧走向衰落。

---

① 《有备而来？表面是蔬菜，底下埋石块。真假农民？冲突第一线，打拼最前锋》，《联合报》，1988 年 5 月 21 日，第 3 版。

② 《民进周刊》第 76 期，1988 年，第 37 页。

③ 《新新闻》，第 63 期。

二、如火如荼的台湾劳工运动

（一）"戒严"时期台湾的劳动体制和劳工阶级的发展

"戒严"体制下，国民党政权主要通过渗透、收编工人团体来限制台湾劳工的集体抗议行动。在"解严"之前，台湾是"一个没有劳工运动的工业化社会"，"台湾劳工温驯而优秀，台湾工会是国民党控制的'花瓶工会'"。[①] 在国民党的严密控制下，牵扯到劳资纠纷当中的劳工数量少之又少。以 1965 年为例，只有 104 人。[②] 台湾劳工苦于没有正常表达意见的渠道，对于劳资争议也基本都是"透过由国民党所组织的调解委员会'调解'，没有一件争议是透过司法解决的"。[③] 台湾劳工在创造经济高速增长奇迹的同时，工会却一直处于"低度发展"状态。直到 1973 年之后，工会组织数量才有了明显的增长。1973 年至 1983 年间平均每年增加 93 个工会，与 1960 年至 1972 年间每年平均增加 20 个工会的情形相比，有了明显的增加。[④]20 世纪 70 年代中期以后，台湾"第二代劳工"[⑤]数量日渐增多，劳工意识逐渐浮现。到了 1980 年之后，台湾的二、三级产业人口已占到全部就业人口的 80%，总人数超过了五百万。[⑥]

1984 年劳动节，战后台湾第一个完全由民间人士发起组成、不隶属于任何党派的工运团体"劳工法律支援会"（简称"劳支会"）在台北成立，由邱义仁任主任委员。[⑦] 其宗旨为"透过免费法律服务，解决劳工问题。为增进劳工权益，提高劳工权利意识而努力"。[⑧]"劳支会"成立后的首要工作就是成立法律服务处，为受雇劳动者免费提供法律援助。成立不到两个月，就处了 68 位劳工的投诉。[⑨] 虽然"劳支会"只是为劳工提供法律知识上的援助以及劳工意识

---

① 范雅钧编：《战后台湾劳工运动史料汇编》（1 劳工政策与法令），台北："国史馆"，2004 年，第 2 页。

② 李允杰：《台湾工会政策的政治经济分析》，台北：商鼎文化出版社，1999 年，第 89 页。

③ 徐正光、萧新煌主编：《台湾的"国家"与社会》，台北：东大图书公司，1996 年，第 119 页。

④ 李允杰：《台湾工会政策的政治经济分析》，台北：商鼎文化出版社，1999 年，第 98 页。

⑤ 指纯粹以工资维持生计的都市劳工。

⑥ 张茂桂：《社会运动与政治转化》，台北：业强出版社，第 59 页。

⑦ 执行委员会共 7 人，分别是邱义仁、郭吉仁、袁嬿嬿、杨青矗、简锡堦、苏庆黎和贺端蕃。"劳支会"于 1988 年 7 月 31 日改名为"台湾劳工运动支援会"，1992 年 5 月 1 日改名为"台湾劳工阵线"。

⑧ 范雅钧编：《战后台湾劳工运动史料汇编》（1 劳工政策与法令），台北："国史馆"，2004 年，第 3 页。

⑨ 《劳动者》（1），1984 年 7 月，第 4 页。

的启蒙，但这对于当时仍属贫瘠的工运沙漠来说帮助非常大。1986 年底"中央"民意代表的选举反映出台湾劳工阶级意识的增强和劳工自主性的提高。电信员工王聪松、徐美英挤掉国民党提名的劳工候选人，分别当选"立委"和"国大代表"。如果是在工会健全发展的情况下，工会能够完全代表劳工的利益，那么劳工支持工会推举的候选人应该说是无可厚非。但是这次选举中劳工却以选票拒绝了他们的省和"全国"工会理事长，反而改投两位默默无闻、布衣出身的工人来担任"立委"和"国大代表"。这一特别现象表明台湾劳工的阶级性格开始发生明显转变，劳工的积极性逐渐凸显，对于经济成长中的更公平分配有着日益强烈的需求。此后，"台湾劳工开始挣脱异化、争取自主"[①]，"新浮现的阶级意识推动了 80 年代中期劳工运动的起步"。[②]

另一方面，官方和民间社会中一连串劳工组织机构的出现，也显示出劳工政策、劳工问题和劳工利益的重要性。1987 年 8 月 1 日，台湾"行政院劳工委员会"正式成立，并于年底提升为"劳工部"；11 月 22 日，国民党于高雄市成立区域劳工党部。国民党政权一连串的动作也表明了成长起来的劳工资源不可忽视；1987 年 12 月，以劳工阶级为主诉求的工党宣告成立；1988 年 5 月 1 日，由十余个自主工会筹组的"全国"自主劳工联盟（简称"自主工联"）正式成立，标志着工会自主结盟、相互奥援的时代已经来临；1989 年 3 月 29 日，台湾战后第一个公开标榜社会主义理念为其诉求的劳动党正式成立，标示着以理念经营劳工运动时代的到来。国民党当局对劳工政策和劳工问题的重视，工党、"自主工联"和劳动党的成立，同时表明台湾的劳工阶级不再是沉默的大多数，已经开始成为一股强大的、不可忽视的力量，劳工阶级的积极性逐步凸显，社会主体意识已经觉醒。

（二）劳工运动的蓬勃发展

在 1984 年 8 月 1 日"劳动基准法"颁布之前，台湾除了教会的地区性劳工服务组织外，几乎没有工运组织，大规模的劳工抗议事件几乎不存在。"劳动基准法"的颁布与施行，虽说并非由劳工阶级力量的集结而导致，但却为劳工集体行动的动员和开展提供了法律上的依据和支持，劳工可以依法要求资方发放年终奖金和补发加班费。根据"劳委会"公告的劳动统计，1984 年之后劳资争

---

① 徐正光、宋文里合编：《台湾新兴社会运动》，台北：巨流图书公司，1990 年，第 103 页。

② 何明修、萧新煌：《台湾全志·卷九·社会志社会运动篇》，南投："国史馆"台湾文献馆，2006 年，第 65 页。

议案件的数量开始有了明显的增加。①1988 年初，"解严"后的第一个春节期间，台湾爆发了争取年终奖金的罢工风潮，包括桃园客运、大同公司、大连化工、"桃勤"公司等工人们采取依法休假、怠工等方式，要求资方给予合理待遇，这掀开了"解严"后台湾第一波劳工运动的高潮。在这波劳工运动当中，劳工参与度较高，民营企业和公用企业的员工都参与到运动当中。抗争的目标诉求多集中在要求合理的奖金、工资待遇等方面。但随着工运的发展也开始出现了要求依法休假、修订工作时间和改进工作规则等非经济性的诉求目标。自主工会在这波工运当中扮演了重要角色，成为组织劳工参与抗争的关键性因素。不同工会之间进行联合、相互支援也成为抗争的策略之一，抗争方式多样，陈情、请愿、依法罢工、休假是较为常见形式。劳工运动的高涨，表明台湾长期以来的劳动体制存在一定程度上的结构性问题，同时也反映出台湾劳工阶级意识的觉醒和主体性的增强。

1. 桃园客运罢工事件

桃园客运公司是一家由桃园望族吴家财团所经营的超过 50 年的独占性客运公司，是当时全台最为赚钱的一家客运公司。其拥有四百多辆大客车，几乎垄断了桃园县内主要交通要道的经营权。公司员工共一千余名，其中包括七百多名司机和近三百名维修技工。长期以来，公司对员工的要求极为苛刻："每月休息不超过两天，每天工作超过十小时，但加班费每小时只有二十元。"②工人们的薪金结构也很特别，底薪为一两千元，资深的工人底薪也不超过五千元，其余收入要由载客量、加班量和省油量来决定。年终奖及红利的分配就更少，只有区区几千元。而公司主管和课长级别以上管理人员的工资则高达数十万元，收入差距相当悬殊。长期以来的收入差距和大强度的工作量，使得桃园客运的司机和技工相当不满，他们于 1988 年初即成立了产业工会，以期通过组织的力量来改变现状。

1988 年 2 月 12 日，桃园客运产业工会代表 70 余人在桃园县总工会大楼召开代表大会，讨论年终奖金、红利分配、休假制度及加班费按"劳基法"办理等事宜。代表们一致要求年终奖每人加发一万二千元、红利平均分配，并且要

---

① 台湾劳资争议案件 1981 年为 891 起，1984 年为 907 起，1985 年为 1443 件，1986 年为 1485 件。

② 郭吉仁：《参与桃园客运罢工札记》，范雅钧编《战后台湾劳工运动史料汇编》（一）劳工政策与法令，台北："国史馆"，2004 年，第 259 页。

求公司按照"劳动基准法"的规定办理员工休假和加班费的支付。当日下午，十多位员工代表与公司董事长和经理进行面谈，这是台湾劳工首次以平等方式与公司进行谈判，"打破了工人在雇主面前自卑的不健康心理障碍"，是"工人建立自信尊严的第一步"。① 2 月 13 日，司机们宣布"在车休息，以保行车安全"。当得知董事会只同意加班费由原来的每天一百元提高到三百元时，司机们高唱"当我们同在一起"的歌曲，高喊"工人万岁"的口号，从公司大楼走向火车站前广场。工会也随即宣布从明天凌晨起司机全面在车休息，春节三天拒绝加班，并在车站广场拉起抗议布条，进行演讲、唱歌和呼喊口号。2 月 14 日，桃园客运公司司机将车辆全部停放在中坜保养场内，进行罢工。上午马路上还有几辆车子，到了下午路上已无车，致使桃园交通全面陷入瘫痪。15 日，县政府送来公文，命令桃园客运产业工会理事会应立即停止罢工、怠工行动，强令工会停止罢工，但公司仍没有拿出具体方案。由于之后的三天是法定假日（16日是除夕），工会理事表示从明天起休假三天，继续罢工。结果 16 日全天有九成客车停运，17 日也没有客车上路。17 日中午公司致电工会，决定加发年终奖六千元，红利分配幅度不超过原来三倍，正月初六正式拟定协议。在公司妥协的情况下，工会以初二是出嫁女儿回娘家的节日为由决定复工，战后台湾劳工第一次大罢工行动随之结束。桃园客运罢工事件以资方的妥协而告终，工会和公司员工的正当利益得到一定程度的满足，这表明台湾劳工组织起来，通过抗争是完全可以和资方进行平等对话和协商，劳工运动的积极作用得到体现，对后来台湾劳工运动的发展具有一定的示范作用和象征意义。

2. "台铁"火车司机罢工案

1988 年劳动节，"台铁"联谊会发动了全台性的罢工，这是公营企业的首度罢工。事件起因于"台铁"联谊会于 4 月 26 日要求铁路局调高驾驶薪贴到6000 至 8000 元，并要求将火车在外折返的时间纳入工时。铁路局在三日内并未将解决草案及时通知联谊会代表。30 日，联谊会代表得知铁路局只按照当时最高标准 6000 元发给工资，外折时段仅仅加发误餐费用，遂决定以集体休假的方式发动罢工。5 月 1 日，1200 余位火车司机集体休假，造成铁路交通瘫痪。"台铁"火车司机罢工事件带动了之后其他客运公司如苗栗客运、高雄客运和"台勤"工会等的罢工风潮，公营事业员工罢工权的行使及集体休假手段的合法

---

① 范雅钧编：《战后台湾劳工运动史料汇编》（一）劳工政策与法令，台北："国史馆"，2004年，第 260 页。

性问题也因此受到广泛的讨论与质疑。

3. 苗栗客运罢工事件

苗栗县汽车客运公司产业工会于1988年5月20日成立后，随即召开理、监事联席会议，并通过了维护工人权益的四项提案[①]，但资方对此并未予以明确答复。经苗栗县政府、省交通局和省劳工处调解无效后，资方于8月9日解雇了244位罢驶的工会会员。8月10日，工会会员在"头份站"埋锅造饭以示抗争，并有80余人前往"劳委会"陈情；8月12日，30余位工会理、监事和会员到苗栗县政府前彻夜静坐；16日，会员在县政府前敲碗抗议；8月23日，30余个团体近300人前往"劳委会"抗议，经协调后劳资双方达成和解；后因双方对调职规定有分歧，造成8月29日全面停驶的局面。最终双方在省劳工处的调解下完成劳动契约的签订，司机于30日下午恢复行驶。重新签订的劳动契约，基本实现了苗栗客运工会提出的要求，资方同意就薪金项目之本俸、年功俸及静勤、服务、房屋、眷属等津贴均调升10%，遭解雇的244名员工全部回公司工作。这次抗争事件中出现了新的抗争方式，如埋锅造饭、静坐、敲碗等，表明劳工运动的抗争方式更加多样化，劳工运动也更为深入和成熟。

4. "远化"纺织罢工事件

远东化织总厂成立于1971年，坐落于新竹县新埔镇，拥有员工2100人，以30至50岁的中年男性为主，是远东纺织集团旗下一个重要部门。1986年7月，"远化"工人成功取得了先前由资方掌控的工会的领导权，从而成为"解严"前台湾为数极少的非傀儡工会之一。"远化"工会分别在1988年2月、10月和1989年5月先后发动三次罢工，是"解严"后台湾兴起的劳工运动中当之无愧的"最重要的前锋"。[②]

（1）"二一〇"事件

1987年12月底，"远化"工会致信给台北总公司，要求当年的年终奖金按照232天底薪发给。但总公司的回信并没有正面回答工会的要求，并且责怪工会没有以厂为家，共体时艰。1988年2月1日，资方片面宣布了年终奖的数额，这比临近一个较不赚钱的化织厂的年终奖还要少。"相对剥夺感"的存在使得工

---

① 这四项提案是：1.公布福利委员会账目、福利金提拔程序、委员选任及删除福利金不当开支科目；2.落实"劳基法"有关保护女工之规定；3.男工薪资调整为6000元，女工薪资调到3000元；4.比照其他同业部门，检讨现行公司内部之肇事赔偿办法。

② 丘延亮编：《运动作为社会自我教习》（上册），台北：台湾社会研究杂志社，2008年，第71页。

会行动者决定采取行动，进行抗议。2 月 10 日一大早，一小群工会会员与外来行动者便聚集在工厂大门内。刚下晚班的工人在大门外观望，早班工人则在各个厂房的窗口观望。"远化"总厂长则站立于工厂广场中央，与之对峙。一个偶然的意外①导致了工会干部罗美文和站在门口的一位经理发生了拉扯和争执。于是罗美文把握住机会，迅速带领前来"凑热闹"的工人占据了广场，国民党赴台后的第一个大规模工人就地罢工事件由此发生。12 小时后，资方分批召唤工会干部，宣布接受 195 天基本工资的年终奖金，或者关厂，工会最终接受了这个条件。虽然这次短暂的"就地罢工"没有达到工会的既定目标，但它仍具有重要的意义，那就是绝大多数参与罢工的工人首次体验到了集体行动中的团结感和成效感，首度获得了与资方对抗并战胜资方的经验。而这些经验"在很多工人中产生了意识的转变，影响了（他们）以后的参与"。②

（2）"一〇二五"事件

受到 1988 年 9 月台湾塑胶公司改进工作条件的刺激，"远化"工会干部开始就所谓"五大议题"（即加薪、加班费、年终奖金公式、修订工作规则和缩短周工作时数）与厂方展开谈判。1988 年 10 月 23 日，工会干部提出将每周工时从原来的 48 小时降到 44 小时，遭到了资方的否决，资方仅同意降低 1.5 小时的工时。次日早晨，工会干部罗美文自做决定张贴了一张工会告示，宣布工会会员应于 10 月 25 日依法休假，不必上工。稍后这一决定由工会干部投票予以认可。于是，25 日大多数工人在家欢度节日和观看传统客家民俗"平安戏"，"远化"的生产线就这样被关闭了 24 小时。工会干部罗美文无疑是这次事件的最有影响力的行动者，他个人呼吁工人进行罢工，并且将之前"二一〇事件"中的纯经济性的诉求提升到一个新的层次，工会开始寻求在工作规则的调整方面的诉求，这改变了"解严"后第一波绝大多数劳工运动中要求年终奖和提高工资待遇的纯经济性的运动诉求，说明台湾劳工运动的诉求目标也开始多元化。但是这次事件的一个不足之处在于，这是一次没有"现场"的罢工，工人都在家过节或外出看戏。"就工会会员之间的互动关系的建立以及集体意识的发展而

---

① "远化"的一位经理在大门口不让一位与工会干部有密切交往的知识分子行动者进入大门而发生推拉争执。

② 丘延亮编：《运动作为社会自我教习》（上册），台北：台湾社会研究杂志社，2008 年，第 79 页。

言，'一〇二五'事件是失败的，虽然她在工具主义政治上获得某些成功"。①

（3）1989年5月罢工

"远化"工会在1988年2月和10月的两次罢工，造成了劳资双方心中的阴影。1989年3月24日，工会干部徐正焜被调职到台北。一个月后，厂方以徐正焜拒不接受调职为由将其开除。因此，工会决定召开会员大会，进行罢工投票，以增加和资方谈判的筹码。但是县政府却认为此时"不宜召开"工会会员大会。对此，工会干部计划先由工人至工厂大门佯装投票，象征性地表示不满，然后至县政府抗议。5月8日上午，不少工人聚集在工厂大门口，同时到场的还有50余名知识分子、记者和外厂工人行动者。与此同时，厂门里面是工厂的高管和私人保全队伍。在双方对峙过程中，外来行动者与高管和保全人员发生了激烈的冲突，而工会会员甚至大多数工会干部，却退到了示威人群的后面，成为他们"自己的"示威旁观者。三天后，工会核心干部罗美文、曾国煤意外遭到人事委员会的解雇。5月13日，工会会员踊跃投票，以赞成的1278票同意无限期罢工行动。②罢工从5月15日开始到25日工厂全面复工结束，共计10天。在首日的罢工当中，劳资双方发生了十多次冲突，有5人受伤。16日，工会采用围厂的策略，夜以继日进行抗争。与此同时，资方也宣布无限期关厂停工，并动员临时契约工组成"复工"队伍，企图分化此次罢工。到18日，"远化"总厂全面停工，抗争会员全部撤离。21日，全省工运团体齐聚"远化"新埔厂大会，遭到警方三度举牌制止。抗争发展到23日，出现了新的情况。支持罢工的会员和要求复工的工人分成两派，隔街对骂，工会陷入内斗的局面。最终在25日厂方宣布复工，罢工以失败而告终。

与前两次的罢工不同，"远化"五月罢工从头至尾皆受制于行政官僚的干预，官方的积极介入使得罢工行动在形式上以及大众感知上被转化成劳工与官方之间的冲突。另外，由于这次罢工是在厂外进行，使得工运行动者很难直接接触到大多数基层工人，工会并没有进行严格意义上的动员工作，这也减弱了抗争的力量和工会与工人之间的凝聚力。虽然如此，"远化"罢工还是创下了20世纪80年代台湾工运史上的多项纪录：第一次非因劳工个人权益受损或争

① 赵刚：《工运与民主：对远化工会组织过程的反思》，载丘延亮编《运动作为社会自我教习》（上册），台北：台湾社会研究杂志社，2008年，第81页。

② 夏林清、郑村棋：《站上罢工第一线：由行动主体的角度看1989年远化五月罢工抗争的发生及影响》，载丘延亮编《运动作为社会自我教习》（下册），台北：台湾社会研究杂志社，2008年，第7页。

取物质利益而发动的大型罢工；声援团体也最多：包括各在野主要政党，工运团体、各自主工会、学界团体、学运团体等都曾在精神上或行动上进行声援；"远化"工会会员以来自新埔和竹东等地的客家人居多，彼此间有亲属、朋友、邻居等连带关系，且由于客家人独特的族群团结意识，使得这次抗争成为诉诸社区和族群意识的工运典范；官、资双方动用警力、保全人员最多，引爆了激烈的肢体冲突。这次抗争诚然以失败告终，但是它仍然具有重大的历史意义。第一，它展现了多种"市民行动者"的联结与合作，让人们看到了台湾萌芽中的"市民社会"；第二，抗争也使得民众看清了官方与资本之间某种利益关联的关系，以悲剧行动颠覆了"后戒严时代"台湾的民主迷思；第三，也暴露出台湾工会运动中存在的一些问题，证明仅仅依靠工会干部和借助外力发动的劳工运动并不能真正使得工人阶级成为"自为阶级"，从而以主体的姿态捍卫自身的权益。

三、环保运动的迅猛发展

台湾的"解严"为环保运动的成长提供了外在的"政治机会结构"。在"解严"当年和"解严"之后的一年里，台湾的环保运动进一步发展，不仅在数量上急剧增多，在规模上也不断扩大，参与环保运动的组织也迅速激增，环境抗争的策略和方式也较之于以前有较大的改变。据统计，台湾在"解严"前的八年中，平均每年发生 14 件环保抗争案件。但到了"解严"当年，全台湾共发生 29 件环境抗争案件。特别是在"解严"之后的两年里，环境抗争运动的数量急速上升到 67 和 122 件，逐年增长率分别为 131% 和 82%。[①] "解严"后的一年多时间内，台湾相继发生了若干影响深远的环保抗争运动，如后劲"反五轻"运动、宜兰"反六轻"运动、桃园"反六轻"运动和"反核四"运动等，这都表明台湾的环保运动在"解严"后得到迅猛发展。

（一）后劲"反五轻"运动

后劲"反五轻"运动是"解严"后台湾最早浮现的环境草根运动。后劲地区位于高雄市楠梓区，是高雄市的北部边界，相传是郑成功军队屯垦所开发出来的部落之一。这里保留着传统的人际关系与强烈的地方认同，长久以来当地居民一直信奉先祖自福建泉州带来的保生大帝。然而台湾当局从 20 世纪 70 年

---

① 何明修、萧新煌：《台湾全志·卷九·社会志社会运动篇》，南投："国史馆"台湾文献馆，2006 年，第 84 页。

代中期开始设置楠梓加工出口区，这使得高雄的北部边陲地带处于现代工业的包围之中。

早在 20 世纪 80 年代中期，"五轻"投资计划在台湾官员和学者之间就展开了辩论。反对者质疑这项计划的可行性，认为应该交由民间来投资，而不应再由官方所独占。但在规划阶段，后劲居民并不太在意"五轻"的问题。1987 年 6 月，"中油公司"宣布为了更新老旧的"二轻"炼油厂而决定在高雄炼油厂兴建第五轻油裂解厂的决定，并邀请多半是国民党籍的后劲地方领袖参观工厂。这一消息见诸报端后，立刻引起了后劲居民的强烈反弹。他们认为，作为后劲人不应该"出卖"后劲的地方利益。于是，后劲一群年轻人组织发动了一系列的游行、演讲、发传单活动，并宣传后劲出现了"叛徒"。

后劲居民反对该厂的另一个原因是，在此之前，后劲居民就针对"中油公司"的污染展开过多次的求偿案件。据高雄市政府的记录，在 1982 到 1986 年间，一共有 15 件赔偿案，"中油公司"为此付出了 760 余万元的赔偿款。[①]1987 年 7 月 24 日，后劲居民开始围堵高雄炼油厂的西门，并于次日开始设置路障，阻止过往人员和车辆的通行。这项围堵行动总共持续了长达三年的时间，创下台湾环境运动的最长围堵纪录。[②]

8 月 5 日，后劲居民在凤屏宫召开大会，成立了"反五轻"自力救济委员会（简称"自救会"），"反五轻"运动开始组织化。8 月 30 日，在"自救会"的领导下，800 名抗议者手持"怨""恨""大高雄之癌""无形杀手"等标语牌，头绑"誓死护乡"的白布条，分乘 17 辆游览车连夜北上，赶赴"经济部"陈情，抗议台当局的政策决定。

在漫长的抗议过程中，后劲居民经常借用一些仪式化的抗争手段发动抗争，这使得"反五轻"运动具有了一定的文化、宗教意涵。比如在 1987 年 9 月 30 日，后劲居民出动三辆巴士、抬着神轿前往高雄市政府陈情；12 月 30 日，后劲居民发现西门路障的旗帜标语不翼而飞，气愤之余抬来四具棺木、并摆设花圈和冥纸、播放牵魂曲，决定为"五轻""送葬"。[③]另外，后劲"反五轻"运动也吸引了专家、学者、"立委"、大学生和地方环保组织的参与，使这次运动

---

① 何明修：《绿色民主：台湾环境运动的研究》，台北：群学出版有限公司，2006 年，第 101 页。

② 《千人一心反五轻！》，《自立晚报》，1987 年 8 月 31 日，第 3 版。

③ 《反五轻 居民后劲强堵西门 祭坛奏哀乐》，《联合报》，1987 年 12 月 31 日，第 3 版。

由地方性环保抗争变成台湾全岛性抗争。参与"反五轻"运动的专家学者有张国龙、施信民、林俊义等,"立委"有朱高正、张俊雄等,环保团体有绿色和平工作室、台湾环保联盟、新竹市、台中县、彰化县公害防治协会等。辅仁大学、成功大学的学生也组成"关心后劲工作团",专程调查民众的公害意识和关于兴建"五轻"的意愿。但是,后劲居民和全台湾所有关心环保的团体、人士的努力抗争,并没有改变台当局兴建"五轻"的主张。1988 年 8 月 30 日,"环保署"有条件地通过了"五轻"设厂的评估审查。①

在长期抗争无果的情况下,后劲"反五轻"自救会于 1990 年 5 月举办公投活动,结果同意协商者有 2900 票,坚决反对"五轻"设厂的有 4499 票之多。②但即便如此,在新上任的"行政院长"郝伯村的强力推动下,"五轻"于同年 11 月宣布开工,台当局同意提供 15 亿元回馈基金作为补偿,后劲居民的"反五轻"运动也随之告一段落。

(二)宜兰"反六轻"运动

宜兰"反六轻"运动的发生源自台塑公司准备在宜兰设置第六轻油裂解厂。1986 年台塑公司向"经济部"申请"六轻"设厂案,并预定包括屏东、高雄、宜兰和桃园等地为建厂地区。③对于台塑公司欲进宜兰设厂,宜兰县议会最早通过决议表态欢迎。同时,台塑公司通过媒体对外界保证,"六轻"可以做到零污染,并且可以提供一万个以上当地居民的就业机会。④但县政府却一直持保留态度,除要求台塑公司采取较高标准的防治污染措施、提拨环境权利金回馈宜兰地方外,并希望征得宜兰民众赞成后再设厂。

1987 年 4 月和 5 月,台塑公司先后两次举行筹建"六轻"说明会,王永庆一再表示,要有 90% 的民众赞成,才会来设厂。对此宜兰县府提出两项要求:1."六轻"防治污染的标准,应以设厂地区对公害承受能力作标准;2.台塑应

---

① 这几项条件是:欲建五轻,应先停止一、二轻运转;五轻评估虽然合乎当局标准,仍需取得后劲居民同意才能兴建;"环保署"职权有限,是否建厂由"经济部"决定。

② 何明修、萧新煌:《台湾全志·卷九·社会志社会运动篇》,南投:"国史馆"台湾文献馆,2006 年,第 85 页。

③ 台湾塑胶工业股份有限公司于 1954 年由王永庆出资设立,至 20 世纪 70 年代初,已成为国际著名的企业集团。台塑为了扩大资本积累,建立上中下游一体的石化工业,自 1972 年起即屡次向台当局申请,要求轻油裂解厂开放民营,但台当局一直以调整产业结构为由,宣布取消一切裂解厂兴建计划。矛盾的是,同期台当局却开始规划五轻的兴建,以汰换原有之一、二、三轻厂的名义进行,这使得台塑连连抨击台当局对公营事业的保护。

④ 《中国时报》,1987 年 4 月 9 日。

从建厂总投资额中，提出相当额度比例的金额作为环境权利金，使地方政府能对受影响地区做补偿性建设。县长陈定南也在县议会"县政总质询"中表示，对"六轻"设厂县府是有条件的欢迎，有条件的反对；认为台塑公司应先改善其在宜兰既有的冬山电石厂和台化龙德厂的污染后，再进一步谈"六轻"设厂事宜，并公开怀疑台塑的诚意。在争取民意的同时，台塑已向工业局申购利泽工业区计划。

1987 年 7 月 21 日，"经济部工业局"正式接获台塑集团承购宜兰县丽泽工业区的申请案。9 月 29 日，台塑公司正式买下利泽工业区 280 余公顷土地，总价十八亿三千余万元。对县府提出的设厂条件，台塑最初应允，但最后却拒绝依照"泡泡理论"来核算"六轻"防治污染的标准，并称环境权利金为"环保勒索"。[①] 1987 年 10 月 5 日，陈定南与王永庆就设厂一事展开面谈。王永庆表示愿意以五百亿的巨额投资作保证，如不能做好环保工作，愿意接受停工处分；陈定南则建议，举行全县公民投票，做一个公平的宣判。"六轻"项目之所以受到宜兰县府和民众的质疑，跟其会产生严重污染不无关系。台湾环保联盟宜兰分会认为"六轻"存在六个方面的污染，分别为空气污染、水污染、固体废弃物污染、噪声污染、景观污染和对宜兰人文环境、产业结构、自然生态的破坏。

在宜兰县政府和台塑公司无法达成协议的情况下，"反六轻"人士经过近半年酝酿后开始集结并筹划组织以进行抗争。1987 年 10 月 25 日环保联盟宜兰分会召开第一次筹备会议，推选工作小组，并开始散发"反六轻宣传系列之一用投票打垮钞票"的传单。1987 年 11 月 14 日，台湾环保联盟宜兰分会在罗东镇正式成立，五十余位会员出席，讨论通过组织章程与年度工作目标，并选出第一届会长田秋堇、副会长张纯淑，同时举办"从五轻看六轻说明会"，后劲"反五轻"居民五十余人到场现身说法。宜兰分会成立后，立即密集开展抗争活动，包括更积极散发"反六轻"传单，联合后劲"反五轻"人士至宜兰披露受害现状，发动群众至"环保署""工业局"和县议会抗议等。11 月 20 日，宜兰分会发动冬山乡、壮围乡、五结乡、罗东镇乡民代表、宜兰县旅北同乡及旅北大专学生、进步妇盟宜兰分会筹备处共计百余人，到"环保署"抗议，表示坚决反对台塑设厂；25 日，五结、冬山乡居民三百人到宜兰县议会递交抗议书，抗议县议会通过促使"六轻"设厂案；26 日，宜兰分会到县议会大门前广场，邀请

①　《"环保勒索"令台塑顾虑"购地策略"却背上黑锅》，《台湾日报》，1987 年 8 月 1 日，第 3 版。

县议员公开表达对"六轻"设厂的看法，并展开接力演讲，教唱由《天黑黑》改编的《团结反六轻》歌曲；11 月 29 日，环保联盟宜兰分会正式成立"反六轻专案工作小组"，表示"反六轻"行动仅是阶段性任务，并应同步推动生态保育、环境景观维护、公害防治等工作。

另一方面，陈定南与王永庆在 1987 年 12 月 13 日的《华视新闻追击》节目中就"六轻"设厂展开辩论，使"六轻"案跃升为全台性议题的环保运动。陈定南开宗明义，县府基于三方面理由反对"六轻"：一是根据 1977 年"经建会"所拟之"台湾地区综合开发计划"，宜兰为粮食基地，宜发展地方性资源工业；二是根据 1983 年"内政部"所拟之"台湾北部区域计划"，划定北部区域的石化区为桃园县，而非宜兰；三是基于宜兰地形之封闭与特殊产业结构的考虑。王永庆只是强调台塑"六轻"可达世界最严格的标准，且"六轻"会带动地方繁荣。陈则表示："台塑建厂前承诺都可推翻，对建厂后的承诺，教人如何相信？税收方面，货物税、印花税和所得税都是'国税'，县府对'六轻'只能征收到 4500 万元地价税及房屋税。"① "六轻辩论"是"反六轻"运动的一个重要里程碑，之前此运动被矮化为宜兰少数人情绪性为反对而反对，借由电视传媒利器，舆论反应转而支持宜兰县政府。

1988 年 1 月 1 日，东海大学三位宜兰籍学生在教授率领下，访问 538 位居民，进行"六轻"问卷调查。1 月 6 日，"立委"黄煌雄以书面形式向"行政院"提出质询，认为从台湾整体规划到宜兰未来发展，都不宜也不应让台塑的"六轻"厂设在利泽工业区。1 月 15 日，东海大学学生公布"六轻"问卷调查结果，受访居民中有 64.7% 反对"六轻"设厂，15.6% 赞成。在此压力下，1988 年 4 月 1 日，台塑公司向"经济部"和"环保署"申请暂缓"利泽案"审查。8 月 29 日，环保联盟宜兰分会联合全台其他七个环保团体，赴"经济部"与"台电"进行抗议，表达"反六轻"、反火电的决心，并于当晚在罗东镇举行游行活动。10 月 3 日，台塑公司宣布放弃在宜兰的"六轻"设厂计划，"反六轻"运动取得了暂时的胜利。②

"反六轻"运动是"解严"后台湾较大规模的环保运动之一，具有如下两个方面的特点：一方面，这次运动的参与群体极为广泛，从宜兰县长陈定南率先

---

① 《对谈六轻火冒三丈 黑白开讲 荧幕内外言辞激烈各执是非》，《联合报》，1987 年 12 月 10 日。

② 台塑"六轻"项目后改在云林麦寮设厂。

反对开始，知识分子、大学教授、大学生和各级民意代表、环保人士都相继加入"反六轻"运动当中；另一方面，"反六轻"运动运用了选战手法进行宣传，并提出以公民投票的方式来决定"六轻"的兴建与否。台湾环保联盟宜兰分会成立后，当即展开了全面宣传工作，通过派发宣传品、举办说明会、派遣宣传车四处宣传等方式，唤起民众对"六轻"项目的关心。另外，在"反六轻"的第一张宣传单《向六轻宣战系列之一——用投票打垮钞票》中，即提出了"六轻投票"的基本要求，从而把环保运动与追求民主、正义结合起来。

（三）"反核四"运动

反核运动在本质上属于一种特殊形式的环保运动，它的抗争目标为核电站。当台湾三座核能电厂于20世纪70年代在台北县金山、万里与屏东县恒春等地动土兴建并分别于1978、1980和1984年开始商业运转的同时，1980年"台电"继续提出兴建第四座核能发电厂的计划，随后该项目由"经济部""行政院"同意并列入计划，兴建地点选为台北县贡寮乡的盐寮地区。与此同时，国际上先后发生的两起重大核电泄漏事件使得台湾社会开始出现了反核的声音。[①]1984年12月，高雄县"立委"余陈月英开始质询"核四"兴建的不当。再加上1985年4月国民党内部冲突导致部分"立委"联署杯葛"台电""核四"厂计划预算案，5月"行政院"以民众疑虑尚未澄清为由指示暂缓实施"核四"计划。几天后，"核三厂"便因机械故障而发生起火事故。这一系列的核能事故导致了台湾民众的不安，民众由对核电的质疑逐步转向反对"核四"的兴建。

台湾反核运动从1986年开始发动首次街头活动。1986年10月10日，"党外编联会"[②]部分人士发动近百人前往"台电"大楼举行抗议"核四"政策的演讲活动。之后虽然"立法院"于1987年决议冻结"核四"预算案，但反核运动并未因此减缓脚步。1987年4月，《新环境》杂志社联合其他20余个社会运动团体借由三哩岛与切尔诺贝利核能意外事件周年纪念，在台湾各地举行反核演讲与说明会，并在盐寮地区举行示威游行。"解严"后，许多在日后成为反核主力的相关组织团体陆续成立，反核开始出现组织化。1987年11月1日，台湾环境保护联盟成立，将反核列为重要工作之一；1988年3月6日，"反核四"地方组织"盐寮反核自救会"成立；1989年3月，贡寮地区居民成立"环保联

---

① 1979年美国三哩岛核电厂发生反应炉心熔毁之核子事故和1986年苏联（今乌克兰）切尔诺贝利核电厂发生反应炉爆炸事件。

② 党外作家编辑联谊会，即民进党"新潮流系"前身。

盟东北角分会"，期望通过与环保联盟的联结来壮大反核的力量。促使贡寮当地民众成立反核组织的原因，除了核能学者、专家的反核意识启蒙、切尔诺贝利核泄漏事件的影响外，有更大一部分原因是基于对"台电"的不满。

在反核组织的策划下，从 1988 年开始，台湾出现了几波反核的示威游行活动。1988 年 1 月 17 日，台湾环保联盟召集环保、妇女、教会、人权等团体召开反核联合会议，这是民间反核势力第一次结盟。会议提出反核运动的整体构想和可行且有规模的活动设计，建立起日后反核运动的行动模式，并通过了《一九八八反核宣言》。《反核宣言》明确表示：

"以台湾这么一个人口稠密且生态体系极为脆弱的岛屿，根本无法承受如此庞大而无止境核能电源开发所带来的冲击。何况任何一次核子'意外'，都将足以使得幅员狭小的台湾岛上二千万居民的生命财产遭受危害……台湾的自然和社会条件，绝对无法承担任何一次严重的核子灾变……"①

反核势力的结合，促成台湾反核运动首次在台北举行大规模抗议游行示威活动。1988 年 4 月 22 日，台湾环保联盟等三十个团体前往"立法院"陈情抗议，当场公布一份总计有 503 位大专院校联署签名的《一九八八反核宣言》。之后，多位反核人士前往"台电"大楼，展开长达 48 小时的"和平、禁食静坐抗议"，他们以静坐、禁食的方式来唤醒社会大众对反核的关心和支持。参加这次活动的有黄武雄、张国龙、施信民、林俊义等大学教授，也有盐寮地区居民张宏俊、连大庆等人，还有作家孟东篱和妇女团体部分人士及学生。4 月 24 日，反核行动进入第三天，来自全台各地关心环保的团体在中正纪念堂集结，准备参加这次活动的压轴大戏——示威游行。下午一点四十五分，包括小学生、大学生、大学教授以及各地区的环保、反核人士，头绑"反核"字样的黄色布条，沿杭州南路、信义路、金山南路、和平东路以及罗斯福路至"台电"大楼，举行游行示威。游行队伍抵达"台电"大楼后，近两千名群众随即以手拉手的方式，将其团团围住，并且高呼反核口号。其间"立委"尤清和赴台访问的联邦德国绿党国会议员塞伯尔（Seibold）女士发表演讲。最后这次游行示威活动在以张国龙为首的 11 名代表递送抗议书后结束，抗议群众相约来年举行更大规模的反核行动。自此之后，反核游行活动便成为台湾反核运动的年度性例行活动。

---

① 《观察周刊》，1988 年 3 月 12—18 日，第 57 页。

（四）"林园事件"

林园乡位于高雄县的最南端，隔着双园大桥、高屏溪和屏东遥遥相望，共有 19 个自然村，人口约 7600 人，面积约 350 公顷。在石化工业区未设置之前，这里自然环境良好，当地村民主要靠种植农作物和捕鱼为生。1976 年林园工业区开设后，当地环境污染事件逐渐增多。炭灰外溢、锅炉故障、氯气外溢、溶解槽爆炸等等频发的"意外事件"造成了当地的空气污染和水质污染，严重威胁到附近居民的日常生活和身心健康。虽然这些众多的污染事件最终都以工厂赔付资金作为补偿而得到解决，但是当地环境的污染和破坏状况仍旧在持续。1988 年 9 月 22 日，高雄林园乡渔民发现工业区污水处理厂废水外流，造成汕尾渔港大量鱼群死亡。次日，三百名渔民包围了林园工业管理中心，要求赔偿每人 30 万元。县议会副议长吴鸿鸣出面进行协调，但污水厂却没有人参加。10 月 4 日，汕尾地区居民与污水厂厂长蔡宏元再次进行协调，但由于双方在赔偿数目上相差悬殊，这次协调也没有取得任何成果。① 10 月 11 日，汕尾、中芸七村约二千名村民齐集工业区进行抗议。愤怒的民众关闭了污水处理厂的电源，造成工业区 18 家厂商停工，并影响到下游仁武乡和大社乡的工厂。整个台湾的石化产业突然相继停摆，面临严重的危机。② 经过为期约 5 天的围堵与谈判后，到 10 月 15 日上午，双方在"经济部参事"陈丰义的协调下，最终以每人获得 8 万元作为补偿而达成协议，总共 13 亿元的补偿金，由工业区的 18 家厂商分摊。

"林园事件"虽然以赔付高额补偿金得到解决，但是也暴露出台湾环境保护方面的诸多问题。从表面上来看，"林园事件"似乎是反公害污染的环保运动。但是从整个事件当中官方、厂商和民众之间的互动来看，三方对于环境如何保护都不闻不问，三方"均已经迷失了环境问题的核心，一心以为金钱是解决此污染的有效办法"③。从这次事件可以看出，台湾民众对环境保护的认识仍不够深入，厂商对环境保护的诚意也值得怀疑，而官方对环境保护也缺乏具体而有效的政策。由于"林园事件"的冲击，资本家开始表达不满，为此执政者被迫重新思考"解严"后温和处理抗议的策略。1989 年 2 月，"经济部"提出了公

---

① 当地居民希望每人得到十万元的赔偿款，但工业区只同意支付每人一万元新台币。

② 《中央日报》，1988 年 10 月 13 日。

③ 《新环境》，1988 年 11 月，第三卷。

害纠纷十项不可接受条件①，从严对付民众的环境抗争。但在实际中，这些规定并没有真正实行。在停工的情况下，官员宁可选择以赔偿方式进行解决。到了1989 年底，"行政院长"李焕特地指示"警政署"草拟"防制危害治安暂行条例"，短短的 13 条草案条文中竟有 14 个死刑。为了压制环境运动，草案第 12条规定，非法聚众、围堵工厂可处死刑，这很显然是针对"林园事件"而专门设计的。②这项草案最终因为社会运动团体的强烈反对和舆论反弹而不得不放弃。但无论如何，这仍是一个警讯，代表着"解严"后新开启的政治机会有可能再度紧缩。"林园事件"是"解严"后影响最深远的环境抗争，官员第一次见识到民间社会有能力瘫痪资本主义的生产过程。此后，台湾环境运动与官方之间的对立逐渐升级，环境抗争风潮也愈加频繁。

四、妇女运动走上街头：反雏妓运动

继"妇女新知"③后，台湾相继成立了几个关心妇女运动的团体，妇女运动开始走向组织化和组织间的结盟时期。1983 年，"妇女展业中心"成立，主要工作为协助变故家庭妇女经济上的独立；1984 年，"晚晴知性协会"成立，以协助婚变妇女调适社会生活为主要工作；1985 年，台湾大学出现了台湾第一个以妇女议题为专门研究对象的学术单位"台大妇女研究室"；到 1986 年则有与反雏妓运动直接相关的"彩虹专案"的成立。"解严"后的次月，曹爱兰、沈美真、廖碧英等人推动成立了"台湾妇女救援协会"④，这是由台湾人权协会、"彩虹专案"和"妇女新知"这三个社会运动团体及相关专业人士组成的力量集合。1988 年，施寄青创办了台北市晚晴妇女协会，并于同年申请改组为台北市晚晴妇女基金会。这个组织的主要活动是协助离婚妇女及丧偶妇女。1989 年，原先依附于《新环境》杂志社的主妇联盟也独立出来，改组为妇女联盟环境保护基金会，主要目标为推动环保与教育正常化。随着这些妇女运动组织的出现，台湾妇女运动已经走出少数知识精英的狭小空间，草根性进一步增强，开始采取社会能见度更高的集体行动。"解严"后的台湾妇女运动主要集中在救援雏妓和

---

① 这十项不可接受的条件包括：要求对运用暴力胁迫反制公害之行为人，以抚慰金的名义，给予金钱或其他物质；以污染为理由，要求全面停工或迁厂；地区民众以公害为由，要求当局代缴或减免公共事业费用或租税；要求对脱序行为不予处罚等。

② 《新新闻》，1989 年第 10 期，第 44 — 54 页。

③ 1987 年 11 月，妇女新知杂志社改组为"妇女新知基金会"。

④ 1988 年 9 月更名为台湾妇女救援基金会。

争取就业机会的平等两个方面。下面以救援雏妓为例，来具体分析这一时期台湾的妇女运动。

1987年1月10日，"妇女新知"结合其他30个包括妇女、少数民族、人权、教会等社会运动团体，在华西街举行了"正视人口贩卖——关怀雏妓"的大游行，以之促使"警政署"加强检肃人口贩卖，取缔色情行业，这是台湾妇女运动首次走上街头。在《"全国"妇女、山地、人权暨教会团体严重抗议贩卖人口共同声明》中，31个社会团体共同呼吁：

> 我们要坚决反对贩卖十二三岁少女的罪行，彻底反对人口贩子逍遥法外，强烈反对警察人员介入色情行业，坚决反对警察"知有其情，查无实证"的畸形办案现象，强烈反对强迫妓女接客无耻之恶行，彻底反对卖身契期外加两个月接客实习期之恶行……我们严正公开人口贩卖之一切罪行，我们不能容忍这样一个非人道、不知人性平等与尊严、视弱女子为贱物的社会毒瘤，我们表示最深切的愤怒、最严重的抗议、最彻底的反对！ ①

1988年1月9日，多达55个妇女及人权团体再次出击，发动"救援雏妓再出击"和"抗议人口贩卖"大游行。二百余名身穿"救援雏妓"黄色背心的示威群众，很有秩序地穿越过西门町主要闹区，游行至华西街一带张贴标语、喊口号，最后到桂林分局展开演讲、递送抗议书，希望借此唤起社会大众对雏妓问题的重视与关心。

分析这两次反雏妓运动，可以看出台湾妇女运动团体和其他社会运动团体之间已经联合起来，妇女运动中的个别议题已经成为更多社会运动团体关注的共同话题。妇女团体通过走上街头、游行示威的方式开展运动，在抗争的策略和方式方面有了质的突破。这些都表明台湾妇女运动开始深入社会，从原先少数社会精英的参与转变为更多民间草根力量的加入。

五、社会运动新模式：无住屋运动

从1987年起，台湾经历了严重的房价飞涨。据《联合报》报道的资料显示，1987年台湾各县市地价较之于10年前平均上涨313%，其中台北市上涨

---

① 《"全国"妇女、山地、人权暨教会团体严重抗议贩卖人口共同声明》,《新观点周刊》,1987年1月19日。

467%，高雄市上涨 366%。^①土地价格的疯狂上涨带动了房屋价格的飙升，引起了都市多数市民的不满。安土重迁的文化传统一旦无法得到满足，随即会转化为无住屋运动的动员基础。1989 年 5 月，以李幸长为首的几位小学教师因本身是房价狂飙的受害者，发起成立了"无住屋者救援会"。经过媒体的宣传报道，无住屋者救援会吸引了包括小学教师、市民及台大"城乡所"学生的注意，并改组为"无住屋者团结组织"。该组织以"蜗牛主义"为其理想，声称要像蜗牛一样，做到一只蜗牛一个壳，使人人有屋住，其成立的目的是要团结无住屋者和社会正义之士，共同打击房价、管制房租。

1989 年 8 月 26 日，无住屋者发起夜宿忠孝东路的运动，动员了超过上万名的群众参与。晚上 9 点钟，这场嘉年华活动正式开始。组织者通过举办"大富翁之舞""名人脱口秀"等节目，借以讽刺台湾的高房价和高房租。晚上 11 时开始，参与者以坐代躺，展示出无数"蜗牛"的威力。十分钟后，夜宿活动开始，人潮散去一半。等过了凌晨，仍有千余名参与者夜宿街头。^②这项活动经过媒体的正面报道后，唤起了更多社会人士的注意。据当年 9 月份的民意调查显示，有 82% 的民众知道有这项运动，77% 的民众表示支持该项运动。^③"八二六夜宿忠孝东路活动"之后，无住屋者团结组织的活动主要集中在两个方面：进行内部组训和结合建筑与都市计划的专业学者，成立智囊团体专业者都市改革组织，并且与"澄社"合办座谈会。1989 年 10 月，无住屋者团结组织成立崔妈妈租屋服务中心，企图打破市场上的咨询垄断，为房东和租客提供低成本的服务，并由此扩大无住屋运动的群众基础。但是到了 1990 年以后，无住屋运动无论是在群众动员还是媒体关注等方面，都出现了明显的下降。造成这种局面的最重要的原因在于，无住屋运动没有产生实质的政策影响，其"非政治性格"拒绝与各种政治势力挂钩，把各种稍具政治敏感度的动作都视为畏途。

但是不管怎样，无住屋运动采用和平、理性、幽默、好玩的运动策略，以嘉年华的方式表达无住屋者的目标诉求，并且做到组织的独立，不和政党或外界其他力量发生联系，这在 20 世纪 80 年代台湾社会运动史上尚属首次。一定意义上，无住屋运动开创了台湾社会运动的新模式，也改变了社会大众对以前

① 《台湾区地价今天公告 较十年前地价平均上涨三倍》，《联合报》，1987 年 7 月 1 日，第 1 版。

② 《蜗牛雄兵 展示威力》，《联合报》，1989 年 8 月 27 日，第 1 版。

③ 何明修、萧新煌：《台湾全志·卷九·社会志社会运动篇》，南投："国史馆"台湾文献馆，2006 年，第 100 页。

社会运动冲突较多、对抗性强的看法，一定程度上也反映出台湾社会运动的制度化转型趋势。根据新制度论学者的观点，制度是一种自我发动的规律模式，其持续存在并不依赖于集体动员。因此可以说，社会运动的制度化就是意味着运动"不再是有赖于外在力量与资源的持续挹注，运动组织可以依靠自己的力量进行动员"①。

具体以20世纪80年代台湾社会运动来讲，社会运动的制度化体现在如下几个方面：

首先，社会运动的发动不再利用转型过程中朝野对抗的局势，亦即不再借助反对党的力量支持。在20世纪80年代台湾社会运动的激进化时期，社会运动和民进党之间存在着某种程度上的联系，民进党的一些成员以个人名义参与到一些社会运动当中（如"反五轻"运动、"五二〇"农民运动等），这使得社会运动的政治性颇为突出。无住屋运动的出现，摆脱了以往社会运动和政治纠缠不清的局面，使得社会运动更为纯洁和纯粹。

其次，社会运动的制度化也体现为社会运动议题的泛政治化处理，号召所有对台湾当局相关政策不满人士而非某些特定社会群体加入某一议题的抗议活动当中。无住屋运动出现之前的台湾社会运动，无论是妇女运动和少数民族运动，还是农民运动和劳工运动，其参与群体一般表现为特定的社会阶级或阶层，而无住屋运动则是动员起所有都市无房一族或具有追求社会公平、正义的人士的参与，这虽然不包括全台所有民众，但至少在城市空间内并没有特别限制参与者的个人身份。运动以嘉年华的形式开展，凡是喜欢热闹、轻松气氛的民众都可以参与其中。

最后，社会运动的制度化也表现在抗议活动已经形成了固定的表达形式上。经过十年的实践累积，台湾社会运动已经具备了基本的抗议表达形式，例如陈情、游行、罢工、静坐等。无住屋运动的出现加深了社会大众对社会运动的接受程度，社会运动的抗议形式进一步得到社会大众的认可，而非指责、埋怨或反对。台湾民众已经对社会运动由陌生到习以为常，社会运动成为人们日常生活的一部分。但另一方面，制度化的社会运动在受到比较尊重的社会待遇同时，其抗议效果也减弱了许多。总的来说，1989年兴起的无住屋运动为台湾社会运动提供了一种新的模式，使得社会运动有了制度化转型的可能和趋势。

---

① 何明修：《绿色民主：台湾环境运动的研究》，台北：群学出版有限公司，2006年，第178页。

第三章　20世纪80年代台湾社会运动的组织、策略、类型和特征

在对20世纪80年代台湾社会运动的历史背景和历史过程基本阐述和分析的情况下，本章主要分析社会运动的组织、策略、类型和特征。社会运动组织是社会运动得以发展的关键性因素，在社会运动的过程中扮演着重要的角色。社会运动组织首先面临着生存的问题，这是组织能否推动社会运动开展的先决条件；其次，组织的运作也关系到组织力量能否得以增强；最后，不同社会运动组织之间的关系如何，随着社会运动的发展，组织间的协作也变得极为重要。在社会运动的抗争策略方面，一个社会运动采取何种抗争策略，对运动的走向具有重大影响。抗争策略得当，运动进展相对顺利，运动目标也易于实现；相反，如果抗争策略不当，则社会运动很难开展下去，社会运动的目标也自然难以达成。对20世纪80年代台湾社会运动类型的分析，便于把握这十多种不同议题的社会运动之间的规律性，从而能进一步透过现象剖析社会运动的本质特征。

第一节　20世纪80年代台湾社会运动的组织和参与群体分析

一、组织的产生及其生存逻辑：以"消基会"与"妇女新知"为例

台湾光复后，由于"戒严"体制的实施，日据时期一度涌现出的政治改革运动、劳工运动与农民运动等社会运动并没有继承先前的发展轨迹。一直到了20世纪80年代以后，台湾的社会运动才得以再度兴起并迅速发展。相对于自力救济行为而言，社会运动的规模更大、目标更远，而且具有一定的社会公益性。因此，社会运动的发起者不论是个人还是群体，在社会运动展开后，一定要有固定化的组织来推动社会运动的进行。从某种意义上来讲，组织是社会运

动的核心所在。但是先有社会运动还是先有社会运动的组织，这在时间顺序上并没有绝对的界限。组织作为负责推展社会运动的机构，一定有其组织架构、成员、组织目标和维持组织运作的经费等诸多内在的要素构成。

20世纪80年代台湾最早的社会运动组织是消费者文教基金会，它在消费者运动领域中占据着十分重要的地位，基本上"消基会"可以和消费者运动之间画上等号。整个80年代，"消基会"作为一个独立的民间组织独占鳌头，台湾并没有任何一个消费者组织可以发展到如此的规模，并且取得社会大众的相当信任。"消基会"把推广消费者教育、增进消费者地位和保障消费者权益作为其长期目标，希望通过组织的带动来提升消费者的消费意识，改变企业与消费者之间不对等关系，进而改变公权力机构在消费者保护中的角色。"消基会"所涉及的消费议题非常广泛，包括水源污染、商品标示、交通安全和食品安全等。此外，"消基会"也积极参与到诸如环境生态保育运动和妇女运动等其他社会运动当中。早期的"消基会"以知识分子、律师和社会公益人士为主体，其中又以学者作为其发展过程中的主导力量。其内部资源由固定的专业体系和义工组成。其中专业体系主要由三方面构成：（1）董、监事会下属的编辑部、发行部、财务部、检验部、企划部、申诉部等；（2）委员会。到1985年6月已发展到13个，包括法律、交通、保险、汽机车、食品、日用品、公用事业、旅游、房屋、绿色消费、医疗纠纷、媒体消费和卫生保健等；（3）顾问群，主要是网罗"立法""行政"和"监察"等体系中的专业人员，为消费者运动提供更多专业性的指导。消基会的义工分为两类，一类是加入委员会的学者、律师与民意代表，另一类为社会热心人士。在运作资金方面，"消基会"首先是从《消费者报道》的订阅费中拨出部分余款用作基金。《消费者报道》每期一般维持在两万份的订阅量，这基本上解决了组织的维持和运作。但随着组织规模的扩大，仅仅靠杂志的订阅费用远远不够，因此"消基会"也接受社会上的匿名、小额捐款，但数量有限；与此同时，"消基会"也非常审慎地接受来自企业的部分捐款。由于"消基会"以知识分子等专业人员为主，并保持独立、谨慎地运转，透过参与到几次重大的消费事件中帮助消费者提高认识、化解危机，这使得"消基会"很快建立起社会公信力，也为自身开启了更为广阔的运作空间，从而持续不断地推进消费者运动的发展。

与"消基会"一样，"妇女新知"也是20世纪80年代台湾社会运动组织中非常重要的一个。在对台湾妇女运动史的分期上，多数台湾学者都认为存在有一个"妇女新知"时期，这足以显示出它在台湾妇女运动中的重要位置。"妇女新知"是一个以女性知识分子为主，旨在提升女性意识，推行两性平等理念的社会运动组织。它在"解严"前以杂志社的形式存在，主要依靠杂志发行来维持运转。同样，在高压的政治气氛下，"妇女新知"也"刻意与各种政治力量保持区隔"。① 早期的妇女新知在组织运作上较为松散，当时的成员仅有十余个兼职的社务委员，她们以社长李元贞为轴心展开运作。"解严"后改组为基金会，以基金会的方式获取更多的社会资源，除了定期出版刊物、对妇女议题建言献策外，更是参与到街头游行当中，并与其他社会运动组织建立起合作关系，进一步跨入催生政策法案的政治议题当中。在改组为基金会之后，虽然组织结构更加正式、明确，但其内部结构却随着新一代女性主义者的加入而开始变得复杂化。由于生活经历和对妇女运动看法的不同，早期成员所强调的针对女性个体层面上的"女性自觉"逐渐转变到为妇女政策的发言、妇女相关法律的修改以及妇女参政等方面。

通过对"消基会"和"妇女新知"两个社会运动组织产生过程和生存逻辑的分析可以看出，社会问题的出现、具有社会正义感和责任感的有识之士的倡导与弥漫在社会大众内心深处的不满情绪是社会运动组织得以产生的基本条件。社会运动组织为了维持正常的运作和实现既定的目标诉求，必须建立起必要的生存之道。在 20 世纪 80 年代前半期，台湾的社会运动组织为了应对较为严峻的政治形势，往往采取了低度政治、相对温和以及适当妥协的生存模式。

二、组织的扩散、集结与分化

台湾社会学者何明修指出："政治自由化恢复了冻结的公民权，累积许久的民怨找到政治抒发的管道。"② 台湾 1987 年的"解严"使得集会游行获得了合法的依据，为社会运动的发展开启了政治机会结构，这在社会运动组织方面，即体现为组织数量的急剧增多和不同社会运动组织间的集结。

以环境运动为例，"解严"后专业的环境组织不断涌现。1987 年底，台湾环保联盟和绿色和平工作室相继成立。环保联盟的主要发起人是大学教授与民

---

① 刘华真：《社会组织自我维持的逻辑——消基会、妇女新知个案研究》，台湾大学硕士论文，1993 年，第 5 页。

② 何明修：《绿色民主：台湾环境运动的研究》，台北：群学出版有限公司，2006 年，第140 页。

进党"新潮流系"成员。以施信民和张国龙为代表的大学教授鉴于各地草根反污染抗争的深刻启示,欲意成立一个"草根的、知识的、行动的"环境团体。在筹组的过程中,"新潮流系"的成员表示出合作参与的意愿,于是两股势力正式结合。新成立的环保联盟在台湾各地纷纷成立分会,在"解严"后的环境运动特别是反核运动中发挥了很大的影响力。绿色和平工作室的成员则聚集了"反杜邦"运动者(如粘锡麟)、大学教授(如林俊义)、记者以及部分民进党"前进系"的政治人物。绿色和平工作室的组织模式与环保联盟不同,它更强调组织成员的单兵作战能力,粘锡麟认为他们的成员"是具有运动经验的读书人,以专业的运动取向为主"。[①]专业运动组织的成立突破了过去以地域为主的运作模式,在"解严"后台湾环境运动的扩散主要依赖于运动者所建立的组织网络。如环保联盟自成立以来,即投入到台湾各地的环境运动当中,在短短两年中就成立了八个分会[②]就是其组织扩散的有力证明。再如绿色和平工作室派出专职人员驻守后劲,援助其"反五轻"运动长达18个月之久。

在妇女运动方面,"解严"前台湾只有"妇女新知"一个从事妇女运动的组织,但"解严"后一些新的妇女运动组织开始出现。1987年8月,曹爱兰、沈美珍、廖碧英等人推动成立了"台湾妇女救援会"[③],主要从事反对人口贩卖和救援雏妓的工作[④];1987年11月,"妇女新知"也改组为基金会,由曹爱兰担任第一届秘书长;1988年,施寄青创办了台北市晚晴妇女协会,主要协助离婚妇女及丧偶妇女;1989年,原先依附于《新环境》杂志社的主妇联盟也独立出来,改组为主妇联盟环境保护基金会,其组织主要目标为推动环境保护与教育正常化。随着更多妇女运动组织的出现,妇女运动开始走出少数女性知识分子经营的狭小空间,采取社会能见度更高的集体行动,各个组织之间逐渐集结起来。在1987年1月,"妇女新知"与其他30个妇女、少数民族、人权、教会等团体结合、串联起来,举行"正视人口贩卖—关怀雏妓"大游行,要求当局加强检肃人口贩卖和取缔色情行业。另外,妇女运动团体也联合起来在促进妇女就业

---

① 何明修:《绿色民主:台湾环境运动的研究》,台北:群学出版有限公司,2006年,第146页。

② 如宜兰分会反"六轻"、反苏澳火力电厂、东北角分会反"核四"、云林分会反麦寮"六轻"等。

③ 1989年9月更名为台湾妇女救援基金会。

④ 到了20世纪80年代末,该组织的工作方向逐渐转移到立法与修法和批判色情应酬文化方面。

机会平等和妇女参政方面展开活动。比如在 1989 年底的"立法委员"和县市长选举中，"妇女新知"即和其他妇女运动团体联合召开记者招待会，正式向外界公布"十大妇女联合政见"。

在劳工运动方面，体制外的劳工联谊会扮演了十分重要的角色。联谊会的目的在于加强不同工会之间的联系，壮大劳工运动的声势和力量。举例而言，桃园、苗栗、新竹等地的自主工会于 1987 年 9 月组成兄弟工会，有 16 个会员工会参加进来；1988 年 4 月，南台湾的工会干部组成工会干部联谊会，有来自 25 个自主工会的 69 名成员加入其中[1]；1988 年新竹地区的"台汽"员工希望组成"台汽工会"，以摆脱国民党公路党部所控制的公路工会。"台汽"公司第五运输处便有七百余位员工加入联谊会当中来[2]；1989 年国际劳动节，全台自主劳工联盟成立，其中包括 12 个自主性工会，会员人数突破 12000 人[3]。总结来说，劳工联谊会和兄弟工会联盟的成立，使得原本单独应战的工运团体开始串联起来，以结盟的形式壮大了劳工运动的力量，将劳工运动推向更广的范围和更大的规模。

社会运动组织之间的集结和串联旨在壮大社会运动的力量和社会影响力。但是随着农民运动和劳工运动相继走入低潮，社会运动组织的这种联盟也开始出现了分裂、分化的现象。

"五二〇事件"之后，台湾农民运动组织间因为意识形态差异和运动理念的不同而出现分裂。农民运动团体各自宣布分别成立两个跨地区的农民运动组织联合，一个是台湾农民联盟（简称"农盟"），另一个为台湾农权总会（简称"农总"）。"农盟"主要代表果农的声音，而"农总"则代表了稻农的利益。农民运动团体间之所以出现分裂的情况，跟"农盟"和"农总"各自的路线分歧有很大的关系，这具体体现在二者在实践方式、理念以及诉求主张上的差异。"农盟"主要主张反对农业自由化和"国际化"，反对买办政权；而"农总"则强调经济自由化原则，提倡农地由农民自由使用和买卖；在领导风格方面，"农盟"反对突出领导个人及与农民运动无关的政治人物，而"农总"则极力突出

---

① 何明修、萧新煌：《台湾全志·卷九·社会志社会运动篇》，南投："国史馆"台湾文献馆，2006 年，第 84 页。

② 《劳动者》，1988 年第 26 期，第 10 页。

③ 《劳动者》，1988 年第 28 期，第 1 页。

个人和政治人物在农民运动中的重要性。[①] 其实在运动诉求和理念的背后，更深层次则反映出果农和稻农之间利益的不同。果农的经营需要大量固定的土地作为依托，故而反对土地自由买卖；而稻农由于所拥有的土地都是比较灵细化的小块土地，耕种收益也因为自然条件而无法完全保证，因之希望能够开放土地买卖，以便不受土地的束缚而转为致富。另一方面，农民运动组织中因为反对党力量的加入，使得农民运动的政治性不断增强，这也使得组织内部变得更加复杂，农民运动组织的分裂也成为民进党内部"新潮流系"和"泛美丽岛系"之间矛盾的延伸。随着农民运动组织的分裂，到了 1989 年下半年，台湾农民运动的数量也大为减少。

在劳工运动方面，成立不到半年的工党也于 1988 年 6 月由于工党内部民进党"夏潮系"及部分工会干部另组"劳动人权协会"而宣告分裂。分裂前的工党，由于拥有积极、活跃的中层运动干部，能够较好掌握外在资源，因此直接策动了几波大型的工运活动，例如支援多起 1988 年初的奖金抗争案件，举办 1988 年五一节台北嘉年华大游行主题活动[②] 等。但工党分裂后，活动能力大为受挫，并未参与到随后发生的几起重大劳工运动当中，如"二法一案劳工团结大游行"[③] 和"远化"罢工中并未见到工党的积极声援。工党的分裂更多是由于领导层之间的权力纠葛所致，劳工阶层的自主性并未因为有了强大的组织而得到更多提升。

三、20 世纪 80 年代台湾社会运动的参与群体分析

20 世纪 80 年代台湾风起云涌的社会运动，议题多元，无论在规模、范围，还是在影响力和社会参与度方面都显得波澜壮阔。十多起不同议题的社会运动相继上演，基本上带动了台湾社会各个阶级、阶层的广泛参与：从知识分子到农民，从妇女到劳工，从少数民族到老兵、政治受刑人，从学生到教师、教授，从消费者到知识分子，从党外反对势力到社会人士，都不同程度地参与其中。即使是国民党统治阶层，也被动地参与到社会运动当中。总的来讲，20 世纪 80 年代台湾社会运动的参与群体基本囊括了全台所有群体，社会运动成为台湾官

---

① 吴旻仓：《台湾农民运动的形成与发展（1945—1990）》，台湾大学硕士论文，1991 年，第 76 — 77 页。

② 该活动的主题为"庆祝五一国际劳动节 / 迎接工会自主年 / 全台湾的劳动者联合起来"。

③ 指的是 1988 年为修改"劳动基准法"和"工会法"，而发动的工运受难者的大游行。

方与民间的一场大规模的社会实践和民主演练。

最早参与到运动中来的是以知识分子为代表的中产阶级群体，他们在对消费权、人权、平等权、环境权、居住权等一系列社会权利意识的启蒙方面厥功至伟。由于台湾社会经济的发展，在社会结构上出现的新兴中产阶级"掌握并主导社会运动的因素，而将社会运动推展起来"①。在消费者运动、妇女运动、少数民族运动、反核运动和无住屋运动以及其他诉求的社会运动运动中，以知识分子为代表的中产阶级均发挥了非常重要的作用，并把社会大众对运动的参与带入更深层次。在社会运动当中，他们或明或暗，或直接或间接，或参与行动或出谋划策。可以肯定地说，"没有中产阶级的参与，社会运动纵然可以兴起，但都可能难以发展，甚至瞬间消失。"②

在中产阶级的带动下，包括学生群体、妇女、地方公益人士、教会势力、反对力量和占社会人口比例很大的劳工阶级和农民阶级都参与到了社会运动当中，他们的加入很大程度上壮大了社会运动的参与主体。大学生发起的校园民主运动，展现了当时台湾青年的批判性精神和对校园民主自治的追求。这促使大学生对自身社会身份进行反思，也造成了在这段时期内逐渐出现大学生走出校园、深入草根、从事社会实践的行动。妇女运动的开展也由最初少数女性知识精英的启蒙转而带动起基层妇女的广泛参与，拓宽了妇女运动的参与范围；由少数民族知识青年带动起来的少数民族运动，也吸引了大量少数民族的参与，特别是在"解严"后由"原住民权利促进会"和其他少数民族团体一同发起的"还我土地运动"，点燃了少数民族的抗议热情；农民运动和劳工运动则在更大程度上引起了社会下层阶级的关注和参与，他们通过运动的参与要求自身的合法权益得以保护。与此同时，劳工与农民的阶级意识和主体意识也得到了进一步提升；在环境运动方面，地方爱乡人士和受到环境污染威胁的居民则以身作则，亲自参与到保护家园和居住空间的环境抗议活动当中，在确保自身生存权不受侵害的同时，也增强了环保意识。

总的来说，20 世纪 80 年代台湾社会运动的参与群体十分广泛。社会运动的参与者们通过运动维护自身合法权益的同时，也经受了一次又一次的民主洗礼，感受到了组织起来所拥有的巨大能量，并希望透过自身的抗争来维持社会的公平和正义。

---

① 萧新煌主编：《变迁中台湾社会的中产阶级》，台北：巨流图书公司，1990 年，第 179 页。
② 萧新煌主编：《变迁中台湾社会的中产阶级》，台北：巨流图书公司，1990 年，第 185 页。

第二节　抗争策略的变化

　　社会运动依据其自身宗旨，在审慎评估环境的前提下，做出适合社会运动发展的基本策略。有了策略才能决定采取何种办法，从而推动社会运动的开展。策略是方法的准则，但策略又必须配合宗旨，而不能逾越宗旨、目标。一般来说，社会运动采取的策略可分为两种情况：一类是采取温和渐进式的策略；另一类是实行激进改革的策略。这两种策略在行动方式上大相径庭，但是其最终目的都是为了向公权力机构直接施加压力或者唤起社会大众的支持并联合大众继续影响公权力机构的决策。

　　20世纪80年代台湾社会运动所采取的策略与方法以"解严"为界限基本上可以概括为两类："解严"前的社会运动一般采取较为温和、渐进的策略，而"解严"之后则采取较为激进、激烈的抗争策略。在具体抗争方式上，社会运动组织根据其目标宗旨，结合具体的时空情境，往往会综合运用多种多样的方法来加强运动的号召力和影响力。

一、"解严"前台湾社会运动的抗争策略

　　从1980到1986年，是台湾社会运动的兴起和发展阶段。在社会运动初兴之时，社会运动组织基本采取了温和、理性的抗争策略；到了社会运动的发展阶段，社会运动组织在延续温和理性策略的同时，也逐渐采用一些适度激烈的抗争策略，游行示威和肢体抗争等方式开始出现。

　　对于兴起阶段的消费者运动和妇女运动而言，"消基会"和"妇女新知"首先成立合法组织，谨慎地依法推展运动的进行。由于"人民团体法"的限制，"消基会"的成立过程较为曲折。在必须得到公权力机构的行政许可外，还必须符合同一行政区域内不得有两个相同性质的社会团体的要求。最终"消基会"登记在台湾教育主管部门的名下，在社团名称中也加入了"文教"两字，以符合教育主管部门的业务性质。鉴于台湾当时的政治环境，加上以都市中产阶级为主体，"消基会"有意标榜非政治倾向改革企图，采取了静态温和、低度政治化的策略，在符合台湾当局政策的前提下开展消费维权工作。在消费者运动推展的具体方法和手段上，"消基会"除了出版《消费者报道》月刊，通过电视、报纸等媒体进行消费咨询的宣传外，还建立起消费者申诉制度，帮助消费者处

理消费中遇到的问题，定期对市场上销售的商品进行检验、调查，通过座谈会等形式向外界披露相关消费信息等。"妇女新知"从一开始就成立起合法的杂志社作为运动推广的中心。鉴于当时台湾的政治氛围和女性保守传统的社会立场，杂志社也谨慎地采用了温和、避免与政治发生联系的运动策略。正如一位从事妇女运动的工作人员所言，在妇女议题尚不受重视，女性主义、妇女运动等名词容易刺激当局的情况下，妇女运动的领导者和参与者们"心里很明白是要搞妇运，以杂志社为名目，召开座谈会，内部进修，这样警察比较不会干涉，而且早期办活动都不敢提妇运，都称'女性自觉'"①。在运动的开展方面，"妇女新知"采取了发行杂志，举行座谈会等温和的方式促进妇女性别意识的觉醒，从而争取社会的认同。

在社会运动的发展阶段，少数民族运动基本上也沿用了温和、理性的策略，主要通过发行期刊，举办座谈会等形式来唤醒少数民族的社会自觉。不过值得注意的是，在早期的少数民族运动刊物当中，所刊载文章的议题相当广泛，基本上涉及少数民族社会的各个方面，如语言、文化、土地、经济、教育等不同领域内的问题都被揭发了出来，"这些知识先锋的努力促成了泛'原住民'意识的形塑，成为日后更激进原运的基础"②。

与少数民族运动不同，环保运动是当地住民在发起反对既有污染源或新增污染源的抗争之后，运动的组织才得以出现。另一方面，环保运动在社会运动发展阶段的抗争策略较之以前的社会运动有了些许改变，除了鹿港"反杜邦"运动基本采取了理性、平和的上街游行的方式外，同期出现的大里"反三晃"运动和新竹水源里"反李长荣"运动中也曾一度出现了较为激烈的抗争方式。总的说来，在这几次环保抗争中出现了如下几种抗争形式：

1. 集体陈情。这是早期环保运动经常运用的一种抗争方式。虽然效果不大，但它是运动参与者最先用到的手段之一。较之于社会运动兴起阶段以出版杂志、举办座谈会等方式，集体陈情已经向前跨越了一大步。"严格说来，集体陈情与示威并没有两样，都是公开发动群众，要求主管单位立即答应改善。"③

① 刘华真：《社会组织自我维持的逻辑——消基会、妇女新知个案研究》，台湾大学硕士论文，1993年，第66页。

② 何明修、萧新煌：《台湾全志·卷九·社会志社会运动篇》，南投："国史馆"台湾文献馆，2006年，第73页。

③ 何明修、萧新煌：《台湾全志·卷九·社会志社会运动篇》，南投："国史馆"台湾文献馆，2006年，第62页。

2.挡路、围堵。如1985年高雄永安乡居民在反对"中油公司"在台湾兴建第一座液化天然气接收站的抗争中，于1986年起两度设置路障，阻止车辆进入，迫使工程延宕。①

3.破坏设备。只要工厂开工，就会产生污染，因此抗争民众也通过捣毁工厂的设备，来阻止污染的发生。如"三晃案"中附近居民在多次陈情、交涉无果的情况下，多次冲入厂房内破坏设备。

从以上分析可以看出，20世纪80年代台湾社会运动进入发展阶段后，在延续温和、理性的抗争策略同时，抗议民众也开始走上街头，通过陈情、挡路、围堵、破坏设备等带有肢体抗争的行为来达到运动的目标诉求。随着社会运动的发展，抗争策略也慢慢地发生着微妙的变化。

二、"解严"后社会运动抗争策略的转变

"解严"以后的两年间，社会运动有激进化的趋势，因之在抗争策略的选择上也变得剧烈起来。在社会运动过程中所出现的冲突也逐渐增多，肢体暴力事件频有发生。由于"解严"导致外在政治环境的改变，社会运动的抗争对象也更多指向当局，社会运动的政治特征愈发明显。社会运动的激进化不但表现在社会运动数量的增加和组织的成立与扩散方面，同时也体现在社会运动策略的转变上。

高峰期的台湾社会运动抗争策略体现在群众动员路线的抬头和政治联盟的形成两方面。这一时期，无论是此前较为温和的妇女运动、环保运动，还是"解严"后新出现的劳工运动、农民运动和其他社会群体发动的社会运动，在抗争的策略上基本上都采取了群众动员的路线和与其他社会运动组织结成联盟的策略，这主要表现为街头游行示威和怠工、罢工等抗议形式的运用。

妇女运动组织先后两度联合发起救援雏妓的大游行，使"解严"后的妇女运动逐渐升温；环保运动中，在后劲"反五轻"、宜兰"反六轻"和"反核四"运动中，游行示威方式更成为常态的抗争形式。以"反核四"运动为例，1988年4月，反核团体在"立法院"陈情抗议，有五百余名教授联署签名表示支持，并在"台电"大楼前进行三天和平禁食抗议；1989年的"四二三反核大游行"更是开启了后来台湾年度反核游行的先河。

---

① 《联合报》，1986年1月5日。

虽然农民一向被认为是政治态度较为保守的一个阶级，但是"解严"后的农民运动也采用了街头游行的抗争方式。抗议农民或驾驶农用车辆或手持农具走上街头表达他们的抗议诉求。1988 年的"五二○大游行"是 20 世纪 80 年代台湾农民运动的最高潮，它在全台各地农民权益促进会的联合参与下，动员了数千名农民加入进来。当日数千农民聚集在台北市孙中山纪念馆，然后分别到国民党中央党部、"立法院"与"行政院"进行示威抗议。在抗议过程中，发生了数次警民冲突，最终在当日晚间七点后，抗争行动转变为街头暴力事件。

在劳工运动当中，除了街头游行之外，工人们主要通过怠工、罢工等方式进行抗议。1988 年初爆发的为了争取年终奖的罢工风潮中，包括桃园客运、大同公司、大连化工、"桃勤"公司的工人都采取了激烈的怠工方式，要求依法休假和合理的工作待遇；1988 年，"台铁"联谊会在五一节发动的全台大罢工，是台湾有史以来的首度全省性罢工；1988 年 7 月 15 日，台湾石油工会发动了大游行，要求实现劳工的合理待遇。值得注意的是，相对于公营公司，在劳工运动中私营公司的工人通常采用更为激烈的抗争手段来要求自身的合法权益。之所以出现这样的局面，一个可能的解释就是国营工人的待遇较好，但这并不能否认国营事业也存在着严重的劳资矛盾。

通过分析可以看出，在 20 世纪 80 年代台湾社会运动的高潮阶段，抗争的策略和方式较之于以前的确更为剧烈和激进，并且在社会运动当中时常伴随有暴力冲突事件的发生。

1989 年新出现的无住屋运动则开启了新的抗争策略和抗议形式。在策略的选择方面，无住屋运动的组织者们刻意避开了政治议题，采取理性、中立的立场，强调由于房价的飙涨而导致市民买不起房的现状，从而营造起小市民心中的"相对剥夺感"，并以此建立起运动参与者的集体认同感。在抗争的形式方面，无住屋运动主要采用了静坐、标语、集体婚礼等幽默、诙谐的和平抗争方式。无住屋运动的最重大的意义可能还在于摈弃了之前社会运动的激进化趋势而开创出新的抗争策略和抗争方式。这也表明经过为期十年的发展，台湾的社会运动正在发生制度化的转型。台湾社会运动越来越远离政治功利主义的倾向，社会运动组织也更为独立，社会运动的动机和目标也愈发纯粹。

第三节　20世纪80年代台湾社会运动的类型和特征

一、20世纪80年代台湾社会运动的类型分析

纵观整个20世纪80年代，台湾发生的风起云涌的社会运动多达十几种。如何将这些不同的社会运动进行分类，对于看清这些社会运动之间的内部联系是非常必要的。但是在分类的问题上，由于出发点不同，对社会运动的分类实则是仁者见仁、智者见智，并没有固定的模式可循。

萧新煌从民间社会与公权力机构的关系出发，将这十七种的社会运动归为四大类：第一类是导因于民间社会不满公权力机构对于新兴社会问题的漠视，如消费者运动、反污染自力救济和生态保育运动等；第二类是起因于民间社会对某些特定既有政策或行动的抗议，如反核运动、少数民族运动、客家权益运动等；第三类是由于民间社会有意识地向长期以来国民党政权支配社会的控制进行挑战，要求更多的自主性，如妇女运动、劳工运动和农民运动等；第四类是民间社会有意识突破某种既定的敏感政治约束，如外省人返乡运动和政治受刑人权益运动等。[①]彭怀恩则按照社会运动所争取的目标将这些社会运动分为政治性的社会运动、利益性的社会运动、公益性社会运动和争取公平待遇的社会运动四种类型。[②]

以上这两种分类方法分别是从台湾社会运动产生的原因方面和从台湾社会运动的目的方面进行分类，可以很好总结台湾社会运动的兴起根源和目标诉求。但是这两种分类方法也存在一定的片面性，对于认识20世纪80年代台湾社会运动的本质和特征而言不够到位和深刻。

本书尝试从社会运动的本质出发，挖掘诸多社会运动的内在联系与本质特征，将20世纪80年代台湾社会运动分为意识觉醒的社会运动、维护权利的社会运动和理想主义取向的社会运动三种类型。

具体而言，意识觉醒的社会运动包括性别意识觉醒的社会运动、阶级意识觉醒的社会运动和社会意识觉醒的社会运动等不同方面的社会运动。阶级意识觉醒的社会运动，主要包括农民运动和劳工运动。农民和劳工通过各自所参与

---

① 萧新煌主编：《垄断与剥削：威权主义的政治经济分析》，台北：台湾研究基金会，1989年，第28—29页。

② 彭怀恩：《台湾发展的政治经济分析》，台北：风云论坛出版社，1990年，第318—324页。

的社会运动逐渐产生出了阶级意识，主体性得到增强；性别意识觉醒的社会运动主要指的是妇女运动，妇女通过运动的参与，在唤醒其性别意识的同时，也要求和男性同样的社会地位和社会权利；维护权利的社会运动主要是社会运动的组织者和参与者通过运动维护自身各种权益，这些权益包括生存权、工作权、福利权、环境权、自由权、财产权和人格权等。如消费者运动是为了维护消费者的知情权和消费权，环保运动是为了维护民众的生存权和环境权，少数民族运动是为了维护少数民族最基本的社会公平权；理想主义取向的社会运动则包括学生运动和无住屋运动等，这些社会运动更多的是为了实现人类的社会理想而发动。

从根本上讲，20 世纪 80 年代发生在台湾的社会运动是一个有机的整体，这三种不同类型的社会运动有其内在的必然联系性。

社会意识、性别意识和阶级意识觉醒的社会运动可以看作台湾社会运动系统中第一层次的社会运动，其目的在于启发社会成员的自我角色认知，促使他们自我意识的觉醒和萌发。意识是人类大脑的一切活动及结果，即作为具有自觉性的思维。只有认识到自身处在社会当中的具体位置，人们才能更进一步思考自我，认识世界。处于第一层次的社会运动，启发了社会运动参与者自我认知、反思社会的能力，有助于社会问题的解决和自我利益的实现。比如消费者运动主要目的之一在于对广大消费者的消费意识进行启蒙，当消费者的消费意识觉醒后，消费者就可以用行动来维护自身的合法权益不受侵害。再如，当妇女的性别意识通过妇女运动被激发出来之后，妇女才会认识到自身原来应该拥有和男性一样的社会地位，才能从传统男权社会的性别桎梏中解放出来，进而勇敢地站起来要求和男性对等的社会地位和社会权益。

位于中间层次的台湾社会运动是维护权利的社会运动，这是社会运动的基本类型。当意识觉醒后，维权就是水到渠成的事。20 世纪 80 年代台湾的社会运动大部分是属于这一层次的社会运动。在威权体制的束缚下，台湾民众的各种权利无法得到正常保护。一旦民间社会力量迅速成长起来，而公权力机构又无法通过政策渠道提供令社会大众满意的公共产品和公共服务，社会运动的发生就会成为可能。如环保运动、劳工运动、农民运动、老兵运动等社会运动，都是社会特定群体要求相应权利得以实现的抗争运动。

位于台湾社会运动层次金字塔最高端的是理想主义取向的社会运动，这种类型的社会运动具有公益性和理想性的特征，对社会现实具有指引作用。运动组织者和参与者更多是出于对社会公义的追求而投身到社会运动当中。以学生运动为例，20 世纪 80 年代中期台湾大学生发起运动的主要目的在于要求实现校园民主和校园自治，这明显具有理想主义的价值取向。而无住屋运动的最终目标是实现"居者有其屋"，这也是人类社会的一种最基本的生活方式和社会价值。但是理想主义取向的社会运动由于理想的超前性，往往使得社会运动和社会现实有所脱节，使得社会运动的目标不易实现。

总体来说，从社会运动的性质和本质出发，笔者将 20 世纪 80 年代台湾社会运动分为三种不同类型，即意识觉醒的社会运动、维护权利的社会运动和理想主义取向的社会运动。这三种不同类型的社会运动分别属于社会运动的不同层次，处于第一层次的是意识觉醒的社会运动，这是最基本的社会运动类型；处于中间层次的是维护权利的社会运动，这是最为常见的社会运动类型；处于顶层的是理想主义取向的社会运动，这是社会运动的高级类型。需要说明的是，这三种类型的社会运动在出现时间上并没有绝对的先后顺序，哪种类型的社会运动何时发生都要以特定的历史和社会条件作为基础。另一方面，某一单一议题的社会运动也可以同时兼具这三种类型当中的两种模式或者全部。

二、20 世纪 80 年代台湾社会运动的特征

20 世纪 80 年代在台湾兴起的社会运动类型丰富、议题多元、参与群体极为广泛。对于这十年间持续不断、风起云涌的社会运动，可以从社会运动生命史的整体角度出发，分别就其兴起、组织与参与群体、抗争的策略、方式、目标和对象、地方特色和社会影响等多个面向来综合探讨它的特征。

（一）台湾社会运动因应台湾社会问题而生，"解严"为其发展提供了更为有利的政治空间

纵观这十年间台湾社会运动的历史脉络，从中可以发现，基本上所有社会运动都是由于既存的某些社会问题无法得到解决而产生，大多数社会运动都流露出一种强烈的"受害意识"。1987 年的"解严"所带来的政治机会结构的改变，为台湾社会运动的蓬勃发展提供了更为有利的政治空间，使得台湾社会运动呈现激进化的状态并有制度化转型的趋势。

一方面，台湾社会运动的产生与社会问题之间有着紧密的关联。考察 20 世纪 80 年代台湾兴起的社会运动，可以看出，几乎每一种类型社会运动的产生或多或少都是缘于某些社会问题的长期存在并无法在体制内得到更好的解决。

消费者运动产生的最直接的原因是消费者的权益和身心健康受到严重侵害。在工业社会倡导消费主义的前提下，商品的质量无法完全得以确保，假冒伪劣商品使得消费者身心受损。再加上不实或夸张的广告把消费者引入消费陷阱或消费误区，使消费者的知情权和消费权受到侵害。工业社会中资本的逐利性和公权力机构市场监管机制的双重矛盾最终导致各种消费问题的出现，消费者运动的兴起即是为了解决诸多消费问题，为消费者提供物美价廉的商品和健康安全的消费环境。

同样，环保运动的出现则是由于经济发展而带来的工业污染导致居民生活环境的破坏；少数民族运动、农民运动和劳工运动等社会运动的发生，均是公权力机构长期以来实行的非公平政策所直接导致的后果；无住屋运动也是迫于公权力机构在土地价格和房屋管制等方面的公共政策失灵的前提下发生。

在社会问题长期存在而又无法得以解决的情形下，所有核心的运动参与者都在主观上有着委屈的感受，从而在内心深处产生出一种"相对剥夺感"。他们认为在过去的政治、经济和社会秩序下并未享受到合理公平的待遇，希望通过社会运动可以推动公权力机构进行某项变革，创造新的管道以重新界定规范，实现社会资源的重新分配。按照萧新煌的说法，"台湾新兴社会运动有着强烈'投入'的社会情绪，而不是消极而疏离的'自我放逐'心态"①。

另一方面，"解严"为台湾社会运动提供了更为有利的政治机会结构。"解严"之后台湾社会运动迅速进入激进化的阶段，并在 1989 年出现社会运动的新形式。在某种意义上可以说，20 世纪 80 年代台湾社会运动的成长伴随着台湾自由化过程的开启。从台湾社会运动生命史的轨迹可以看出，"解严"当年直到 20 世纪 80 年代末，三种类型的社会运动同时上演，有意识觉醒的妇女运动和劳工运动，也有维护权利的农民运动和环保运动，还有理想主义取向的无住屋运动。这些不同种类社会运动的发生一方面明显受到"解严"的影响，另一方面反过来又进一步推进了台湾的政治自由化进程。

（二）每一个社会运动都有一个或多个固定的组织存在，组织化趋势非常明显

社会运动组织在社会运动的推展上扮演了关键性角色，没有组织就没有台湾的社会运动。

消费者文教基金会是 20 世纪 80 年代台湾最早的社会运动组织，是消费者

① 萧新煌主编：《垄断与剥削：威权主义的政治经济分析》，台北：台湾研究基金会，1989 年，第 30 页。

运动的核心组织，这十年间台湾的消费者运动都是在"消基会"的运作下开展起来的。"消基会"以专家学者、律师和社会爱心人士为主体，拥有完整的组织结构，通过发行《消费者报道》、接受捐款等渠道筹措资金，在消费者消费意识的启蒙和消费权益的维护方面发挥了非常重要的作用。

《妇女新知》杂志社作为20世纪80年代台湾妇女运动的第一个组织，对20世纪80年代早期的妇女运动有很大贡献。她在继承20世纪70年代"新女性主义"思想基础上，顺利地衔接了台湾妇女运动的发展，进一步促进了台湾女性意识的觉醒，并为20世纪80年代中后期台湾妇女运动的发展奠定了思想基础和社会基础，起到了承上启下的重要作用。

在少数民族运动方面，《高山青》和"原权会"在揭露少数民族社会的现况和启蒙少数民族的权利意识上扮演着重要角色；在环保运动方面，台湾的第一个地方环保团体——台中县公害防治协会对于鹿港"反杜邦"运动的发动功不可没，台湾环保联盟在宜兰"反六轻"运动和"反核四"运动中同样起到了关键性的作用。

另外，到了台湾社会运动的兴盛期，不同社会运动组织之间逐渐有互相声援、串联和结盟的行动。例如，在"反雏妓大游行"中，即有多个社会运动团体参与其中，除了妇女运动团体之外，教会组织、环保组织、人权组织等也加入进来；在劳工运动中，个别工会结盟形成工会联盟、自主工会联盟，甚至农民团体也参与到劳工运动当中，为其进行声援，如"远化"工会的抗争当中即有农民团体的参与。

这种组织化的趋势和组织间互相串联、声援、结盟的态势，足以证明在20世纪80年代随着台湾各种社会运动的兴起和发展，组织在单一议题的社会运动里所起到的关键性作用也愈来愈强；不同类型社会运动之间也出现了一定程度的诉求交集，社会运动愈发引起整个台湾社会的关注。

（三）社会运动的参与群体十分广泛，基本涵盖了台湾社会的各个阶级和阶层

20世纪80年代台湾社会运动是一场台湾社会全体民众共同参与的集体抗争。在这场抗争过程中，包括中产阶级、知识分子、妇女、学生、农民、劳工、少数民族、小市民、反对党、宗教人士、老兵、客家人、政治受刑人等都不同程度地参与进来，使得台湾社会运动精彩纷呈。

台湾的中产阶级具有政治的现实感、经济的高度消费取向和社会的结社性格三方面特点，这使得他们具有强烈的社会改革意识。中产阶级是最早参与社

会运动的社会群体，并在社会运动中起着主导性作用。在 20 世纪 80 年代台湾发生的社会运动当中，几乎每一种社会运动里都可以找到中产阶级的身影，他们或明或暗，或直接或间接，或参与行动，或出谋划策。可以肯定地讲，没有中产阶级的参与，台湾社会运动纵然可以兴起，但可能都难以持续发展下去。

台湾的知识分子群体由于具备较高知识素养，对台湾社会运动的兴起和酝酿具有一定的催化作用，在社会运动初兴之时成为各种社会运动的发言人和社会问题的揭露者，某种程度上扮演了社会运动的领导角色。如在消费者运动当中，专家学者通过撰文与市场调研开辟出消费问题的新公共论域，从而推动了消费者运动的开展。在妇女运动方面，以《妇女新知》杂志社为基地的妇女知识分子精英，推动了妇女运动的领域的开创。作为学术机构的台湾大学妇女研究室所从事的妇女研究与教学工作，也间接扩大了台湾妇女运动的可见性与议题的正当性。另外，在少数民族运动、环保运动和劳工运动等社会运动中，知识分子也发挥了重要的倡导作用；在农民运动和劳工运动中，广大农民和劳工作为运动参与主体，对运动的发展起到了积极作用，扩大了台湾社会运动的参与范围。

此外，党外人士在反核运动、农民运动和劳工运动当中，也不同程度地参与其中，对 20 世纪 80 年代台湾社会运动的开展产生一定的助益。

（四）成功的社会运动都有明确的目标诉求，抗争对象一致指向国民党和台湾当局

20 世纪 80 年代台湾社会运动的目标诉求对台湾社会运动走向的影响至关重要。具有明确目标诉求的社会运动一般都能够取得预期的效果，而目标诉求不够明确的社会运动在成效方面则不够理想。

如鹿港"反杜邦"的环保运动，目的是为了防止潜在的污染源在鹿港设厂。鹿港人从一开始就喊出了响亮的目标诉求："我爱鹿港，不要杜邦"。通过抗争，杜邦公司不得不放弃在鹿港设厂的计划；反观 1989 年 5 月的"远化"罢工由于没有明确的诉求主张，工会投票决定罢工只是为了增加工会干部往后和资方谈判的筹码，而和工人的利益并无密切、直接的关系，故而出现了工人虽然投了罢工的赞成票，但仍然回到工厂上班的情况。这就决定了"远化五月罢工"最后以工人复工、运动失败而告终。

另外，观察 20 世纪 80 年代台湾社会运动的历史轨迹可以发现，台湾社会运动的抗争目标由争取经济权益逐渐转向要求政治权力和实现自由民主的政治

理念。在台湾社会运动兴起和发展的阶段，运动参与者们要求最多、也最为关切的是自身权益特别是经济权益的保障。比如早期的环保抗争中，以求偿为目的居多；到了"解严"后，劳工运动在维护劳工物质权益的同时，则提出自主工会的诉求，要求工会和资方在政治上的对等地位。无住屋运动要求实现居者有其屋的理想目标，背后也隐藏着小市民要求市场公平、社会正义的社会理念。

在社会运动的抗争对象上，几乎所有的社会运动都把矛头一致指向国民党和台湾当局。由于威权体制的长期存在并压制民间社会的发展，当社会力积聚到一定程度后，台湾民间社会便通过社会运动的方式要求国民党和台湾当局改变其以往的被控制、被支配的地位，以求取较大的社会自主性。

在威权社会中，台湾当局主导一切。当经济成长迅速，社会矛盾处于隐性状态还未激化时，台湾社会自然运行良好，台湾当局的合法性得到认可并巩固；但当深层的体制和结构所带来的矛盾暴露并产生弊端时，问题的矛头依然指向台湾当局，民众期望台湾当局能够合理解决这些问题。一旦台湾当局无法尽快解决矛盾，台湾社会运动的抗争对象必然是台湾当局。以农民运动为例，因为开放水果进口危害到台湾果农的切身利益，台湾当局就成为农民运动的抗争对象。农民通过抗争要求当局改变现有农业政策，保护他们的正当权益和农业的基础产业地位。

（五）台湾社会运动的策略在"解严"前后有较为明显的转变，抗争形式多样化

20世纪80年代台湾的社会运动经历了一个逐步适应公权力机构，继而与之对抗，最后与公权力机构展开对话的过程。在抗争策略上，由前期的理性温和逐步转向中期的激烈的暴力抗争，然后产生出诙谐、幽默的后现代式抗争。

萌芽和发展期的社会运动，多数是为了求得成长和目标的实现，而采取理性、温和的抗争策略，避免与台湾当局间的对抗。如消费者运动和《妇女新知》杂志社时期的妇女运动，都采取了自我克制，避免与公权力机构对抗的理性、温和策略。

随着"解严"提供了更为宽松的政治空间，台湾社会运动的抗争策略开始走向激烈，对抗性逐渐加强，社运组织间出现了集结、串联甚至结盟的现象。如反雏妓运动中，数十个社会运动团体联合在一起，发表反雏妓共同宣言，以组织结盟的方式推动运动的开展。

到了1989年，台湾社会运动出现了新的形式，无住屋运动采取了后现代的

抗争方式，希望以和平的、诙谐幽默的、没有外力干预的自主方式与台湾当局进行平等对话。

之所以台湾社会运动在抗争策略上会出现这样一种走势的变化，这与台湾民间社会和台湾当局之间的互相适应和社会运动的自我调适有关。"解严"无疑为台湾社会运动提供了更为宽松的政治机会结构，使得社会运动的自主性逐步增加；台湾社会运动在进行的同时，也产生出一种自我纠错、调适的机制，为了运动目标的实现而进行策略上的不断调整。

（六）台湾社会运动的发生场域逐渐扩大，民间宗教、宗族在某些社会运动中有一定影响

从 20 世纪 80 年代台湾社会运动的发展历程来看，台湾社会运动在空间分布上呈现出一定的特点。台湾社会运动最先在台北兴起，如消费者运动和妇女运动均是在知识分子相对集中的台北发生。之所以出现这样的局面，是由于台湾社会运动的兴起需要经过一个意识的启蒙阶段，同时也需要具有社会正义感和责任感的人士的倡导和组织。随着社会大众社会意识的逐渐觉醒，到了 80 年代中期，台湾社会运动的参与主体慢慢向草根转移，台湾社会运动的范围也不断向外扩散。如鹿港"反杜邦"运动、大里"反三晃"运动等环保运动都发生在偏离台北的台中地区。"解严"后，台湾社会运动的辐射范围继续扩大，几乎遍及整个台湾岛。台湾社会运动无论在数量、规模，还是在组织、参与群体方面，都更为扩大和全面。这种社会运动由点到面的扩散方式，表明社会运动能够产生"蝴蝶效应"，它的影响力和吸引力在不断增强。

在众多类型的台湾社会运动当中，一些社会运动也和民间宗教、宗族发生某种程度的关联，使社会运动具有一定的宗教色彩和宗族特色。如在鹿港反杜邦运动当中，由于鹿港很好保地留了祖先的文化传统、语言和生活习惯，使得运动在动员方面较为轻松，因为鹿港人都能说一口典雅的闽南语，这便于消息的口耳相传。再加上重视传统社会中的血缘和地缘关系，鹿港人增强了人际交往的联系纽带，这也有利于集体认同感的形成。再如在后劲"反五轻"运动中，民间宗教也扮演了重要作用。凤屏宫是后劲人集体活动的公共场所，同时这里也是后劲社区的广播站，便于抗争消息的发布和传递。庙产管理委员会也在资金上为"反五轻"运动提供了一定的帮助，曾经拨款二百万元给"自救会"用于群众动员和进行抗争。整个"反五轻"运动中弥漫着浓厚的宗教气氛，后劲人采用仪式化的抗争形式，如摆宋江阵、抬棺游行等，来加大运动成功的筹码。

民间宗教和地方宗族能够增强社会运动参与者的共识和团结，有利于台湾社会运动的成功。但另一方面，这种方式的过度使用也会产生出狭隘的地方主义。

（七）随着"解严"的发生，台湾社会运动的政治性逐渐增强

20 世纪 80 年代台湾社会运动具有一定的政治指向，随着"解严"的发生，这种政治指向性更加明显。研究发现，几乎所有的社会运动都是以国民党和台湾当局为主要抗争对象。台湾当局公共政策的完善和执政党执政方式的改变成为社会运动的本质任务。因为在威权体制下，国民党和台湾当局制定一切公共政策，台湾民间社会几乎没有发言渠道。在这种情况下，国民党和台湾当局就必须为公共政策不当而造成的重大社会问题买单，并通过立法、重新制定政策等途径及时解决这些社会问题。20 世纪 80 年代台湾社会运动的发生几乎都涉及重大社会问题，因此台湾社会运动把国民党和台湾当局作为抗争的对象是显而易见的。例如，劳工运动涉及的问题是工会的自立性和自主性，要解决这些问题，劳动运动就必然会冲击国民党的工会控制体系。从某种意义上讲，在威权体制当中，一切社会问题都是政治问题，一切社会运动都带有一定程度的政治性。

20 世纪 80 年代台湾社会运动的政治性也体现在台湾社会运动与反对运动的关系纠缠不清这一方面。由于台湾社会运动和党外运动都具有反抗性，抗争的对象都是国民党和台湾当局，同时二者又都受到国民党"戒严"体制的压制和打击，因此二者之间自然出现相互联系、相互支持的情形。党外运动的发展对台湾社会运动的兴起具有一定的示范作用和催化作用，而反过来台湾社会运动对党外运动也有"助力"和"推力"的作用。

在"解严"之前，民进党对社会运动的参与主要体现在社会运动理念的倡导、宣传和对某些社会运动的直接领导上。如 1981 年底，以黄顺兴为首的党外人士就创立了台湾第一份专门讨论环境问题的刊物《生活与环境》杂志，启发社会大众的环保意识；在少数民族运动方面，1984 年成立的"少数民族委员会"就是由"党外作家编联会"设立的。

在"解严"之后，民进党进一步参与到台湾社会运动当中，不仅公开声援支持、组织发动社会运动，还占据一些社会运动团体的关键位置，并吸收社会运动的参与者来壮大自己的力量。如在"五二〇"农民运动中，由民进党成员林国华担任总指挥；因"五二〇事件"被捕入狱的民进党党员也有数十人。很多社会运动的骨干分子后来都相继加入了民进党，如"反核四"运动中"贡寮

反核自救联盟"的会长陈庆塘,原来是国民党籍,因为社会运动和民进党产生互动,最后加入了民进党;学生运动中的一些活跃分子,如李文忠、郑文灿、罗文嘉、郭正亮等人,也被民进党吸收进去,从而造就了民进党的"学运世代"。

总之,"解严"后台湾社会运动和反对运动之间的关系更加密切,界限也愈发模糊,"社会运动政治化"和"反对运动社会化"可以用来概况这段时期二者之间的关系。

(八)台湾社会运动在 20 世纪 80 年代的发展历程呈现出一种自然史的发展阶段现象

莫斯(Mauss)认为,一个完整的运动历程包括发端、集结、制度化或合法化、削弱或分化和消失五个阶段。20 世纪 80 年代台湾的社会运动也在短短的十年当中大致经历了这样一个发展过程。所有的社会运动都能很快地进入集结的阶段,甚至制度化的高峰。

消费者运动是 20 世纪 80 年代台湾社会运动的开端,在它和妇女运动的带动下,少数民族运动、环保运动和学生运动迅速加入进来,壮大了台湾社会运动的声势。到了"解严"后,不仅农民运动和劳工运动急剧达到高潮,不同议题的社会运动之间还出现了组织结盟、互相支援的情况。不过,农民运动和劳工运动在兴盛之后却急转直下,农民运动组织和劳工运动组织也出现了一定的分裂、分化现象。及至无住屋运动的兴起,社会运动在形式上有了新的突破,这使得社会运动的制度化成为可能。然而,也有一些台湾社会运动在展开不久便迅速沉寂下去,如外省人返乡运动和"新约教会"抗议运动甚至还呈现"消弱"的状态,而步入运动尾声。

20 世纪 80 年代台湾社会运动呈现出的这一完整的生命史历程,为后来台湾社会运动的发展提供了一定的现实参考和经验借鉴。

第四章　20世纪80年代台湾社会运动的功能和困境

第一节　20世纪80年代台湾社会运动的功能

结构功能学派把整个社会看成一个有机的系统，在系统内部包括不同的社会结构，而社会结构又由不同的社会单元组成。如果社会单元和社会结构的活动结果对于社会系统的持续与发展有所助益，即是正功能；如若对社会系统持续产生不利影响则为负功能。对于20世纪80年代台湾社会运动的功能评估，可以放置在社会系统之内加以讨论。以下从正、负两方面来探讨20世纪80年代台湾社会运动的功能。

一、20世纪80年代台湾社会运动的正向功能

成功的社会运动对于社会系统会产生很多正面功能。总体就20世纪80年代台湾社会运动而言，这体现在解决社会问题、提出社会问题、促进社会变迁和追求社会的合理进步等几个方面。

（一）解决社会问题和提出社会问题

社会运动与社会问题密不可分。在社会学领域，一般把违反社会体制、社会价值和社会规范的社会现象称之为社会问题。虽然社会问题的存在，并不能确保一定会诱发社会运动的产生。但是社会问题的存在，的确为社会运动的发展提供了一定的前提条件。纵观20世纪80年代台湾社会运动的产生，基本上都是为了解决沉疴已久的社会问题，或者是虽尚未被民众视为社会问题，但却被社会运动参与者认为此种社会现象已经构成了社会问题，抑或迟早会演变成为的社会问题。

从最早的消费者运动来看，显然是先有食品安全问题，然后才在"消基会"

的组织动员下发动了社会运动；环境运动的产生也是由于工业化过程中一味追求经济增长而带来的或者即将带来的环境的破坏或污染。民众长期生活在遭受污染的空间里的社会事实已然构成了社会问题；少数民族运动的产生则是由于光复后国民党政权长期以来实行的不平等的山地政策，对少数民族社会构成了政策上的歧视，导致了少数民族社会成为社会的边缘群体和弱势群体，失去了生活的保障和就业的机会；妇女运动也是导因于传统父权社会对女性的歧视，妇女长期以来并没有取得和男性对等的社会机会，妇女的性别意识和社会角色被固定化，从而束缚了妇女的发展；农民运动直接的诱因是台湾当局开放了美国水果进口，直接冲击到了果农的切身利益；"解严"后第一波劳工运动抗争的直接原因就是要求增加年终奖和带薪休假，后来发动的自主工会的运动则是对抗台湾当局长期控制工会的政策和制度；无住屋运动则是城市中产阶级抗议房价飙涨，要求住房的一场集体性狂欢。

社会运动不仅直接解决社会问题，有时也会凸显出一定的社会问题，号召社会成员共同正视某种社会现象的不当性。在传统社会中，社会问题可能更多更为严重，可是社会成员并未察觉，也没有社会团体或个人对其进行义正词严地揭露或评判。但是在现代社会，社会运动可以通过其目标诉求和群体参与，来教育民众，塑造民众的社会问题意识，深入剖析社会问题的本质，使社会成员对社会问题了然于胸。例如在消费者运动中，"消基会"自身并不能揭露和解决所有消费领域中存在的所有问题，但是通过消费者运动可以提升消费者的消费理念和消费权益，使消费者认识到消费领域中存在着许多有待发现的消费问题。

（二）促进台湾社会变迁和社会进步

从社会系统理论出发，社会变迁是指"社会角色、社会结构与社会系统的改变"。[①]而社会进步则具价值观念转向更好、更佳的意涵，它可以通过科技生产力、都市化、经济发展、自由民主体制和社会团体的成立等主要指标来加以衡量。20 世纪 80 年代台湾社会运动在促使台湾社会变迁和社会进步方面的功能，可以通过如下三个方面体现出来。

首先，促使台湾当局公共政策的转变。台湾社会运动的直接动因是为了解决台湾长期存在的社会问题，而社会问题的形成很大程度上要归结于制度和政

---

① 林嘉诚：《社会变迁与社会运动》，台北：黎明文化事业股份有限公司，1992 年，第 5 页。

策层面。台湾政治学者彭怀恩认为："政府的行动经常会影响到人民的生活，从另一个方面来看，人民的行动也影响到政府。但在大多数情况下，人民不是以个人的身份去影响政府，而是以集体的行动，才能引起政府的重视，所以团体的组合就成为影响政治过程，参与政治活动的手段。"① 因此，台湾社会运动最终的目的是为了改变导致社会问题出现的深层原因。

20世纪80年代台湾的社会运动多数的目的在于寻求公权力机构改变原有政策，或是通过法律的途径来最终确保社会问题的顺利解决。消费者运动在唤醒消费者消费意识的同时，也一直致力于"消费者保护法"的制定。在"消基会"的推动下，1982年6月，当时的"行政院长"指示起草"消费者保护法"后，"内政部"也成立了"消保法起草委员会"。到1987年，"消基会"更是成立了消费者保护法推动小组，并草拟消费者保护法草案。1988年"消基会"提出法案后，经过将近6年的迂回曲折，台湾当局终于在1994年正式公布并施行"消费者保护法"；鹿港"反杜邦"运动和宜兰"反六轻"运动最终的结果是台湾当局选择放弃原来的决议；"反核四"运动最终也导致了台湾当局动用"公投法"来决定是否建厂，但由于核能问题的专业性和复杂性，"反核四"运动一直持续到现在也难以有一个定论；而劳工运动的发生虽是在"劳动基准法"颁布之后，但运动的起因却是公权力机构并未能按照"劳基法"的具体规定来真正保障劳工的权益。

其次，有助于台湾社会现代观念和思想的形成。除了解决社会问题或将社会问题意识普及化之外，台湾社会运动还有追求社会理想与促进社会变迁的目的，有助于现代思想和观念的形成。现代思想和观念是与现代化社会相适应的产物。现代社会民众在具有自由、民主、包容的思想的同时还应该具有一定的社会正义感和公平感。20世纪80年代台湾的社会运动是一场台湾民众为追求自由和民主社会的到来而提前进行的一场现代思想的操练。在宜兰"反六轻"运动中，宜兰县县长陈定南与台塑董事长王永庆之间的电视辩论即是一次自由、民主的辩论。由于媒体的传播，使得全台湾民众无形当中都参与到对整个运动的关注当中。另外，由于社会运动的组织者和参与者不一定都是因为自身权益受到损害或追求自身合理权益的当事人，因此台湾社会运动的理想性较高。例如，消费者运动追求的是全体消费者利益的保护，而社会上人人都是潜在的消

---

① 彭怀恩：《当代各国政体导读》，台北：台湾洞察出版社，1986年，第55页。

费者；妇女运动的参与者也不仅仅是妇女，劳工运动的组织和参与者也并不局限于工人。有学者将台湾社会运动分为公益性的社会运动和私益性社会运动也是出于这方面的原因考虑。

最后，有助于台湾当局和台湾社会间关系的调适及二者之间的良性互动。20 世纪 80 年代台湾社会运动的开展显示出民间社会力量的强大，也在重新调整台湾当局和台湾社会之间的相互关系。关于政府和社会关系的讨论，黑格尔认为政府优先于社会，洛克的看法与之相反，认为社会应当先于政府。其实，民主社会的一个重要指标就是要有强大到可以和政府抗衡的民间社会。万能的政府是不存在的，政府也需要民间社会来帮助其实现对社会的有效管理。台湾在"解严"之前是一个威权社会，国民党及其政权控制着一切，奉行"政府至上"的原则；而当 20 世纪 80 年代台湾社会力极速成长并通过社会运动的形式展现出来，并开始与公权力机构对抗之后，公权力机构的强势地位受到一定的冲击。从公权力机构对社会运动的态度转变方面，就可以看到公权力机构和社会之间的关系在发生微妙的变化。在 20 世纪 80 年代早期，台湾当局对于各类社会运动通常采取制止或镇压的方式，希望能够及时化解社会运动的发生，并尽可能把社会运动限制在可控的范围内；但是到了"解严"以后，台湾当局也在调整对社会运动的反制策略，一度曾放松对社会运动的管控，并妄图将社会运动纳入体制化的管道当中。现代政府需要和社会之间形成一种良性的互动，这无论是对政府还是对社会来讲，都是非常必要的。而发生在 20 世纪 80 年代的台湾社会运动正好充当了台湾当局和台湾社会之间的缓冲带：双方通过社会运动来不断调适各自的角色和功能。

（三）推动台湾自由化和民主化的进程

关于社会运动与自由化、民主化之间的关系，大多数学者都承认这两者之间有密切的关联。蒂利经过反复论证，认为"可以确定在民主化与社会运动之间存在着广泛的一致性"。[①] 诚然，社会运动并非必然拥护或推动民主，然而，"社会运动的内在动力激发了推动民主的三个步骤：通过群体政治参与的扩大化和平等化使公共政治民主化；使公共政治与现有的社会不平等相隔绝；使信任

---

① ［美］查尔斯·蒂利著、胡位钧译：《社会运动，1768—2004》，上海：上海世纪出版集团，2009 年，第 168 页。

网络与主要的政治角色相隔绝"①。我们虽然无法从量的方面对20世纪80年代台湾的社会运动在推进自由化和民主化的进程中所扮演的角色给予明确的判断，但是我们至少应当承认20世纪80年代台湾的社会运动在一定程度上改变了台湾当局和台湾社会之间的传统的关系，改变了台湾民众固有的思想观念，提升了台湾民众的社会权利意识，而这些都有利于自由化和民主化社会的形成。

台湾社会学家萧新煌对台湾社会运动的评价颇高："1987年7月的'解严'，不是民进党的功劳，而是社会运动的功劳。因为在1980到1987年就已经有六种社会运动出现，那才是促成了国民党走向解严的社会力因素，也才促成蒋经国说出了'环境在变、时代在变、潮流在变'的宣示（1986年的10月）。而且1986年9月28日民进党成立时，国民党没有大肆地追捕镇压，我相信这也是因为小蒋看到台湾社会变了，不敢镇压，怕一镇压，社会会大反。所以，就这一点，民进党是欠社会运动一个很大的人情的。"②

二、20世纪80年代台湾社会运动的负面功能

社会运动产生的负面功能虽然不多，但是如果政府和社会不能正确对待和处理它们，就有可能对社会的安定和政权的稳定造成很大的影响。由于多数社会运动的目标是要解决社会问题，因此一旦社会运动的目标不能完全实现，就可能导致社会冲突的尖锐化，从而影响到社会的安定和政权的稳固。

"解严"后台湾社会运动所使用的策略多以群众路线为主，由于群众的匿名性、激怒性、非理性、感染性和行动性，有可能会造成社会不安、对他人的攻击与暴力事件。台湾社会运动到了20世纪80年代中后期也多次有暴力事件的发生。特别是1988年发生的"五二〇事件"，成为继"二二八事件"之后台湾最大的一次社会流血冲突事件，这不但造成了农民运动参与者心中的恐慌，也影响到台湾当局对社会运动的态度。很明显，在此之后，特别是随着郝伯村在1990年出任"内阁"后，台湾当局对社会运动采取了较为强硬的态度，也使得社会运动相对转入低潮。而与此同时，台湾社会大众和台湾当局之间的相互信任度也逐渐降低，这也影响到台湾当局和台湾社会之间的良性互动。

---

① [美]查尔斯·蒂利著、胡位均译：《社会运动，1768—2004》，上海：上海世纪出版集团，2009年，第189页。

② 萧新煌、顾忠华主编：《台湾社会运动再出发》，台北：巨流图书公司，2010年，第8—9页。

另外，由于台湾社会运动的政治特征较为突出，和反对党之间的关系比较密切，容易受到民进党的政治操弄，这使得 20 世纪 80 年代台湾社会运动的目标在一定程度上会偏离原来的既定轨道，社会运动的组织也有出现分裂的可能。从更深层次来看，20 世纪 80 年代台湾的社会运动有可能在社会层面上造成台湾社会内部不同群体间相互对立的情绪，甚至成为"台独"分子从事分裂活动的不自觉工具。

第二节　20 世纪 80 年代台湾社会运动的困境

20 世纪 80 年代台湾社会运动对促进台湾社会变迁与进步发挥了相当重要的功能，取得了良好的社会效果。但是另一方面，也必须指出，在台湾社会运动的发展历程中，也存在着一些问题和困难，这一定程度上也使得台湾社会运动遭遇到种种困境。如何突破困境，成为之后台湾社会运动发展中必须重视和解决的问题。笔者认为，20 世纪 80 年代台湾社会运动存有两方面的困境，亟待突破。一方面，传统的政治文化和社会心理一定程度上限制到社会运动的发展，这是其外部困境；另一方面，从台湾社会运动自身的发展来讲，必须肃清经常被混淆的与社会运动相关的一些认知和观念，知识分子在社会运动的发展过程中应该进一步加强其角色与作用的发挥，这是其内部困境。下文将对这两方面的困境进行分析。

一、20 世纪 80 年代台湾社会运动的外部困境

首先，长期存在的戒严体制及其所塑造的戒严文化严重影响到台湾当局对社会运动的认知和判断，台湾当局面对社会运动往往采取制止和打压的方式，这种政治忌讳与政治干预对社会运动的持续健康发展极为不利。

早在逃台之前，国民党在大陆时期就对社会运动甚为排斥和反感，特别是在第二次国内革命战争期间（1927—1937 年），就对由共产党和人民大众发起的社会运动采取直接恐吓和镇压的方式。

1950 年，国民党开始在台湾实行"戒严"封锁，对台湾社会的管控非常严密，这使得民间社会根本没有生长的空间。在这种政治忌讳和政治干预之下，除非是由官方或国民党所推行的"运动"，其他的社会运动或群众运动均受到压制。

20世纪80年代之后，台湾的社会力开始上升，社会运动才逐渐增多。但在"解严"之前，顾及当时的威权体制，台湾社会运动基本上都采取了自我克制和低度政治的原则和策略，基本上没有突破政治禁区。"解严"后，台湾社会运动无论在数量和规模上都取得了很大发展。但是"在泛政治主义与戒严心态的影响下，有关单位对社会运动与自力救济的推动者与参与者仍会另眼看待，怀疑其在政治上可能有不良的动机，甚至会以盖帽子的方式扭曲其动机"①。这种政治上的顾虑和公权力机构对社会运动的干预，往往会使得社会运动的发动者和参与者心怀疑虑和担心，对社会运动的动员和参与产生不利影响。另一方面，由于台湾当局对台湾社会运动所持有的怀疑态度与打压行为，也会造成公权力机构和社会之间的对立，不利于社会的和谐稳定发展。

其次，20世纪80年代台湾社会运动发生在台湾政治自由化的前后，"解严"之前的社会运动推动和开启了台湾自由化的历史进程，"解严"之后的社会运动则进一步加速和深化了台湾的自由化。值得注意的是，"解严"当年和之后的一年所发生的社会运动或多或少都受到了政治的操弄，政治性特征明显增强。容易受到政治的影响或利用也成为台湾社会运动发展过程中必须解决的困境之一。

众所周知，民进党在1986年成立，成为政治舞台上的反对党。为了获取相当的政治资源和政治选票，民进党成立了社会运动部，希望借由推动和参与社会运动获取更多的政治机会。在农民运动和劳工运动当中，民进党通过派系或个体党员的参与和运作，一定程度上推动了社会运动的开展。笔者认为，20世纪80年代台湾社会运动开启和促进了台湾政治自由化的发生，民进党则享受到社会运动的成果。不可否认，激进化时期的台湾社会运动的确受到了政治的操弄和影响，农民运动组织和劳工运动组织后来的分裂原因之一即是组织当中不同派别为了取得运动的领导权而表现在运动理念、诉求和策略方面的分歧。社会运动组织的纯洁性和独立性如果不能得到充分保证，那么社会运动在未来的发展将会受到很大的影响。

传统的社会心理是台湾社会运动所面临的另一个外部困境。中国文化的一个基本内容是以和为贵，注重和谐、不好冲突是中国人的传统性格。在"和"文化的影响下，传统中国人的社会心理对社会运动有一定的负面看法。一定意义上，社会运动必然会造成政府和社会之间的冲突对立。对于一向主张社会和

---

① 徐正光、宋文里合编：《台湾新兴社会运动》，台北：巨流图书公司，1990年，第322页。

谐、家庭团结和睦的中国人来说，当"冲突"来临时，多半是保持厌恶、远离的态度，这不利于社会运动的发起和动员。与重视和谐稳定的大局相对，就中国人个体来说，却是散漫、消极的。罗素认为，传统的中国社会中的个体是相对自由的，对社会事务漠不关心。这种"自扫门前雪"的心态，也使得社会运动的共识动员较难达成，资源动员理论强调的"集体认同感"在这种状况下不易形成，这在一定程度上增加了社会运动的成本。

另外，对于"运动"一词，中国人也有特殊的看法。讲求安定团结、"多一事不如少一事"的中国人，一听到运动自然就会将其和不安、动荡联系在一起。在中国历史上，所谓的"运动"往往带有贬义色彩。在这种心态的影响下，台湾社会运动的推动就变得较为艰难。举例来说，在"五二〇事件"之后，台湾农民运动的组织即发生分裂，农民运动也进入低谷。究其原因，一方面是由于台湾当局对台湾社会运动的态度趋向强硬，另一方面也是由于农民阶级的保守性使然。

二、20世纪80年代台湾社会运动的内在困境

社会运动的内在困境具体表现在社会运动组织在社运理念的推广和运动力量的凝聚两个方面。社会运动要更好地开展和推动，首要问题就是要向社会大众解释清楚到底什么才是社会运动，它和自力救济、群众运动以及街头运动之间有何区别。20世纪80年代台湾的社会运动风起云涌，议题的多元、诉求的多样、采取策略的不同和参与规模的不一都会造成社会大众的头晕目眩。特别是"解严"后，反对派的政治人物或政治团体经常通过发动群众运动或街头运动的方式来鼓动风潮，造成政治声势或压力。另一方面，台湾当局和国民党也基于政治的理由，借由其所掌控的大众传媒，将群众运动与街头运动加以丑化，逐渐造成民众对这两类活动的反感。在这种情况下，台湾社会运动组织和团体有必要通过宣传和倡导使社会大众加深对社会运动的认知和理解，从而扩大社会运动的社会基础。台湾社会运动往往会采用群众运动或街头游行示威等方式来进行，但这只是社会运动实现其自身目标诉求的一种手段，希望以此来唤醒社会大众的关注和支持，从而进一步向当局施加压力和寻求当局相关决策的改变。台湾社会运动是以其组织为核心来推动某种理念或诉求的实现，具有长期性和持续性，而非某种单次性的群众运动或街头运动。因此，台湾社会运动组织应该更清楚明晰地解释和澄清社会大众对社会运动所造成的一定误解，尽可

能减少或降低群众由于容易与其他相关概念的混淆而带来的对社会运动的厌恶情绪。

"真正的社会运动总是为了解决某种重大的社会问题，或是为了改善某种重要的价值观念。"① 为了实现运动的目标诉求，运动的组织者必须调动更多资源参与到运动当中。在集体认同感的形成过程中，台湾社会运动组织者和参与者的利他性动机不置可否，但是仅有利他的动机与情操是远远不够的，还需要对社会问题、社会时局以及社会运动的目标和策略有更为深入的分析和正确客观的认识。通过对 20 世纪 80 年代台湾社会运动的观察可以看出，知识分子群体在社会运动中所发挥的功能不彰对社会运动的开展也有较为不利的影响，这也是 20 世纪 80 年代台湾社会运动的内部困境之一。法国哲学家萨特将知识分子看作社会的良心所在，知识分子由于拥有一定的专业知识和客观公正的立场，能够在社会发展过程中保持清醒的头脑和价值中立的视角，能够成为社会运动的持久推动者和参与者。反观 20 世纪 80 年代的台湾社会运动，一种较为常见的现象是推动与参与社会运动的知识分子总是少数几个人，而且参与的方式也是间断性的。如何能吸引更多知识分子的参与，充分发挥知识分子的特有功能，对于社会运动的持续健康发展极为必要。

---

① 徐正光、宋文里合编：《台湾新兴社会运动》，台北：巨流图书公司，1990 年，第 324 页。

结　论

　　20 世纪 80 年代台湾风起云涌的社会运动，因其涉及领域之众、参与群体之多、目标诉求多元和覆盖范围宽广，成为台湾社会运动史上的"黄金十年"。到底如何评价这十年中各种样态的社会运动，评判标准是什么，这是一个很难把握的问题。如果单纯从某一种社会运动的最终的结果来评价，那么就是看其是否取得了成功，是否通过社会运动达到自身的目标诉求；如果从长远来看，那么就要抛开对结果的认识，而从社会运动对整个社会发展和对未来可能出现的社会运动的影响来评判。单从社会运动的阶段性目标来看，20 世纪 80 年代台湾所发生的这十几起社会运动基本上实现了阶段性的目标，取得了阶段性的成果。如消费者运动和环保运动在立法层面上实现了"消费者保护法"和"环境保护法"的通过，农民运动和劳工运动也一定程度上确保了农民和劳工短期权益得到保护。但是不同议题的社会运动由于目标和宗旨的不同，也很难完全由短期性目标是否达成来进行评估。消费者运动和环保运动包括反核运动在内都带有社会意识启蒙和公益性目标的实现等任务，很难在定量方面对其是否成功加以权衡。这就需要从长远目标和社会运动的影响等方面来加以评估。总体来看，发生在 20 世纪 80 年代的台湾社会运动是一场社会与公权力机构、执政党之间的互动，它既揭露并解决了特定历史时空下台湾社会存在的社会问题，也促使国民党当局在政策层面上做出相应的回应与改善。更为重要的是，通过社会运动的参与，台湾民众不仅维护了自身的各种权益，也获得了社会意识和权利意识的觉醒和提升。从更广的视野来看，20 世纪 80 年代台湾的社会运动也是一种走向自由化和民主化的实践和演练，对于民主社会所要求的自由思想和民主观念的产生具有长期的、积极的影响。

　　首先，经过长达十年之久的社会运动实践和练习，台湾民众对社会运动已经习以为常，社会运动已经成为社会大众日常生活当中的一部分。20 世纪 80

年代台湾的社会运动最初兴起于消费和性别、族群领域，继之在环保领域得以发展壮大，经由农民运动和劳工运动而激进化，最终到无住屋运动开创出社会运动的新形式。在台湾社会运动初兴之时，台湾社会运动主要依赖于中产阶级中的少数知识分子和一些社会公益人士的倡导和推动，社会大众只是被动地参与，其积极性并未被激发出来；但是到了台湾社会运动的发展阶段，地方爱乡人士和住地居民面对环境污染和即将可能发生的环境破坏，纷纷参与到反对工业污染，保护居住环境的环保运动当中，社会运动的参与群体迅速扩充，社会运动的组织者和参与者借由运动的组织和参与把社会运动纳入到爱乡护土、追求更高生活质量的日常事务当中，使得社会运动和人们的生活紧密结合在一起；"解严"之后台湾社会运动蓬勃发展，无论是"解严"前所发生的妇女运动、环保运动，还是新出现的农民运动和劳工运动都呈现出激进化的态势。台湾社会运动的参与群体更加广泛，处于社会较底层且人口数量占到全台人口一半还多的农民和劳工加入运动当中。在农民运动中，农民通过驾驶农车、手持农具等特有方式来表达自身的诉求，使得运动特色极为明显；劳工运动中，广大劳工在工会的组织下通过罢工、怠工等抗争手段来维护自身合法权益，社会运动也成为他们工作生活的一个环节；由都市中产阶级倡导发动、小市民为主要成员参与的无住屋运动，在运动策略和抗争方式上开创出社会运动的新形式。运动组织者采取诙谐、幽默、理性的抗争策略，通过行为艺术的方式表达运动参与者的目标诉求，这使得社会运动开始出现制度化的趋势转向。

纵观整个 20 世纪 80 年代，台湾社会运动已逐渐成为台湾各阶级、阶层民众日常工作和生活的一部分，台湾社会大众对社会运动的看法也慢慢发生转变。可以说，经过十年的社会运动演练，台湾已经进入一个"运动社会"当中，社会运动已然成为台湾社会生活的常态。

其次，20 世纪 80 年代蓬勃发展的社会运动带动了台湾社会力的上涨，不同类型、数量众多的社会运动组织的出现使得台湾市民社会的产生有了可能。

公（市）民社会的概念起源于西方的启蒙运动。在此之前，如何处理政府与社会的关系大致有两种理论分野，也即"政府至上论"和"社会至上论"，但是这两者都无法在政府和社会之间创造出富有意义的联系。戈登·怀特将公民社会定义为是"政府和家庭之间的一个中介性的社团领域，这一领域由同政府相分离的组织所占据，这些组织在同政府的关系上享有自主权并由社会成员自愿结合而形成以保护或增进他们的利益或价值"。① 在不同时空语境和传统理论下，公民社会至少被赋予了三种不同的功能，即教化群众、监督政府和作为政府与民众沟通的桥梁以促进政府的治理功能。

在公民社会视角下，非政府组织扮演了重要角色，成为协助政府改善其公共服务的效率和品质的核心要素之一。具体就台湾来讲，20 世纪 80 年代林林总总的社会运动组织的出现，充当了政府和民众之间协调、沟通的渠道，通过自身相对独立的实体运作，来帮助社会大众实现正当的利益诉求和维护其合法权益，启蒙社会大众的权力意识和平等精神，并监督和促使政府改善存在问题的公共服务。

以基金会为例，1980 年成立的消费者文教基金会一马当先，间接开启了台湾民众以基金会的方式来施展抱负的风气，使得其后民间团体表达意见时大多依循消费者文教基金会的模式。有资料显示，成立于 1950 至 1986 年间的基金会约占总数的 3 成，而 1987 年以后成立的基金会则高达 7 成。② 到 1988 年，台湾共有非营利性质的人民团体 8916 个，扣除其中的职业团体，社会团体数目为 6187 个 ③，这涵盖了学术文化、医疗卫生、宗教、体育、社会福利、宗亲会、同乡会、校友会等社会生活的方方面面。由此可见，众多包括社会运动组织在内的非政府组织在 20 世纪 80 年代的台湾纷纷出现，为台湾市民社会的兴起奠定了历史基础。

再次，长达十年的社会运动实践开启和训练了台湾民众的权利意识和民主意识，追求公平正义成为社会普遍的价值观念和人们心中的基本诉求。

社会运动通过共识动员，塑造集体认同感，从而吸引社会大众的参与。纵观 20 世纪 80 年代台湾社会运动，几乎每一种社会运动都有维权的诉求，这体现在对包括消费权、平等权、环境权、生存权、就业权、福利权、人权和居住权等等人类最基本权益在内的诸多权益的追求上。通过运动的参与，台湾社会大众的权利意识和平等意识在无形当中得以提升。

同时，社会运动还塑造了台湾社会民众的民主意识。以环保运动为例，在宜兰"反六轻"运动中，宜兰县县长陈定南和台塑董事长王永庆围绕设厂的利

---

① 何增科主编：《公民社会与第三部门》，北京：社会科学文献出版社，2000 年，第 60 页。
② 台湾铭传管理学院大众传播学系编印：《认识基金会》，台北：博莘杂志社，1990 年，第 90 页。
③ 台湾地区"内政部"：各级人民团体调查报告，"内政部统计处"，1989 年。

弊展开电视辩论，开创了台湾电视辩论的先河。台湾民众通过电视直播，看到了理性、民主的决定社会重大事务的基本模式。在劳工运动中，广大工人通过工会团结起来，在以社会运动的方式来维护自身合法权益同时，自身的阶级觉悟也得以提高，直接和资方高层的对话使其民主意识也不断被激发出来。

另一方面，诉求多元的社会运动也体现了台湾民众追求公平正义的决心和勇气。以消费者运动和环保运动为代表的具有公益性目标的社会运动，其目标诉求的落脚点即在追求公平、合理与正义。

最后，不得不提的是，台湾社会运动在这十年间所累积起来的社会资源和精神财富部分程度上被民进党所收割和利用。众所周知，民进党依靠群众运动而起家，对于社会运动的重要性深有体会。在"解严"之前，民进党的一些成员就或多或少、或直接或间接地参与到社会运动中来。在成立之后的第二年，民进党中央党部就特别设立了社会运动部，其主要目的就是动员大规模的政治抗争，并且与其他社会运动团体进行协调合作，彼此互通信息，分享资源。民进党社会运动部第一任负责人曾指出："我们所追求的，不只是各种社会运动的蓬勃发展，而且期待社会运动的参与者，最后能醒悟问题的根本来源于政治改革，进而将各种形形色色的社会运动，汇成政治运动的支流，形成巨大的民主运动波浪，彻底改革政治体制。"①

结合 20 世纪 80 年代台湾社会运动的发展轨迹来看，尽管民进党一再解释其社会运动动机和主张的纯洁性，台湾社会运动到了 20 世纪 80 年代后期的确有被民进党加以利用的趋势，"五二○"农民运动就是一个很好的例证。民进党"新潮流系"所提出的"社运政治化、政运社会化"的主张，根本的目的就是要将长期以来社会运动所集聚的各种资源转化为民进党需要的政治资源，使社会运动成为民进党获取政治资源的工具。历史的发展已经证明，民进党以社会运动作为工具和手段，最终达到了其"运动"社会、捞取政治资本进而获得政治权利的野心和目的。

---

① 何明修：《民主转型过程中的"国家"与民间社会：以台湾环境运动为例（1986—1998）》，台北：台湾大学社会学研究所博士论文，2000 年，第 134 页。

附 录

附录一 20世纪80年代台湾社会运动大事纪略

一、消费者运动

1980年5月，台北市青商会发起一系列的保护消费者活动，社会大众反响热烈。

1980年11月1日，消费者文教基金会成立，标志台湾消费者运动的诞生。

1980年12月28日，举办"消费者如何节约能源"的讲座。

1981年5月15日，《消费者报道》月刊杂志创刊。

1982年4月，消基会举办系列座谈并提出消基会版"消保法草案"。

1982年6月，"行政院"指示起草"消保法"。

1982年9月，"内政部"邀请有关单位及民间团体成立"消保法起草委员会"。

1983年1月，"内政部"公告草案内容，明确民间消费团体没有商品检验权，且主管机关只在其认为必要时，才公布检验结果。

1986年4月12日，"行政院"指示"内政部"以"消费者保护方案"作为代替"消保法"立法。

1987年1月，"行政院"公布"消费者保护方案"。消基会成立"消费者保护法推动小组"，完成消基会版"消费者保护法草案"。

1987年11月，消基会草案寻求"立委"联署提案。同一时间，"内政部"因消基会寻求"立委"联署，再起立法之议。

1988年3月，消基会发起"为消费者保护法催生"签名运动。

1988年5月16日，消基会版"消保法草案"获得六十六位"立委"联署，正式向"立法院"提出。同日，"行政院"会议通过"行政院"版"消保法草案"，向"立法院"提出。

1989 年 3 月 31 日，"立法院内政、经济、司法委员会"联席会议首次并案审查"行政院"版"消保法案"。

二、妇女运动（以妇女新知为中心）

1982 年 3 月 1 日，《妇女新知》杂志社成立，出刊。

1982 年 6 月 4 日，举办"'优生保健法草案'座谈会"。

1982 年 8 月 27 日，举办"女性如何防卫性骚扰座谈会"。

1983 年 3 月 8 日，举办"8338 妇女周"，主题为妇女的潜力与发展，活动包括：展览、文艺活动、座谈、演讲、女性电影等。

1984 年 3 月，推出"一九八四保护妇女年"，发表"妇女性骚扰问题"问卷调查结果。

1984 年 6 月，优生保健法请愿，发动六个妇女团体、154 名妇女签署对堕胎合法化的意见书，呈递"立法院"。

1985 年 3 月 8 日，推出"家庭主妇年"系列活动，发表"家庭主妇十二大心愿"，提供"主妇就业须知传单"及"主妇成长聚会活动"，举办"一加一不等于二：夫妻合并申报所得税合理吗"座谈会。

1986 年 3 月 8 日，推出"两性对话年"活动，演出"我爱张生"性别角色喜剧。

1986 年 11 月，举办"新两性关系座谈会"。

1987 年 1 月 10 日，联合三十二个团体举行"抗议贩卖人口—关怀雏妓"活动，包括街头游行、座谈会、"国会"陈情和民众签名等。

1987 年 1 月 17 日，举办"救雏妓座谈会"。

1987 年 3 月，推出"职业妇女年"系列活动。

1987 年 10 月，妇女新知杂志社改制为"妇女新知基金会"。

1988 年，妇女新知整年举办"两性平等教育年"活动，出版"两性平等教育手册"。

1988 年 1 月，妇女新知联合其他团体发动第二次救援雏妓活动，近千人前往华西街游行。

1989 年 3 月，妇女新知拟成"男女工作平等法草案"，并举办公听会。

1989 年 7 月，妇女新知发表"妇女选民十大政见"。其后于 11 月组成妇女政见宣导团，前往各政见发表会推销妇女十大政见，并评估选举。

三、环保运动

1982 年 4 月，台中县大里乡反对三晃农药厂污染拉开了台湾环保运动的序幕。1986 年 4 月 27 日，"台中县公害防治协会"宣告成立，这是台湾第一个由官方核准立案的民间环保团体。

1986 年初，鹿港镇发起了反对杜邦设置二氧化钛厂的运动。两位地方选举候选人发起了"万人签名反杜邦陈情运动"，很快签名人数突破了 10 万人。

1986 年 6 月 24 日，鹿港地方反对人士在李栋梁议员的带领下发动了台湾反污染运动史上第一次游行，参加的群众人数计有上千位。

1986 年 10 月 12 日，"彰化公害防治协会"在鹿港小学宣告成立，由李栋梁担任理事长。

1986 年 12 月 13 日，在彰化公害防治协会的领导下，鹿港三百余名民众手持"怨"字标语，前往"总统府"请愿。

1986 年 10 月 10 日，"党外编联会"部分人士发动近百人前往台电大楼举行抗议核四政策的演讲活动。

1987 年初，新竹市水源里民众发起了反对李长荣化工厂污染的运动。

1987 年 7 月 24 日，后劲居民发起反五轻运动。

1987 年 8 月 22 日，"行政院环境保护署"成立。

1987 年 10 月 25 日，台湾环保联盟宜兰分会召开第一次筹备会议，推选工作小组，并开始散发"反六轻宣传系列之——用投票打垮钞票"的传单。

1987 年 11 月 1 日，台湾环境保护联盟成立。

1987 年 11 月 14 日，台湾环保联盟宜兰分会在罗东镇正式成立。

1987 年 11 月 20 日，宜兰分会发起冬山乡、壮围乡、五结乡、罗东镇乡民代表，宜兰县旅北同乡及旅北大专学生，进步妇盟宜兰分会筹备处百余人，到"环保署"抗议，表示坚决反对台塑设厂。

1987 年 11 月 25 日，五结、冬山乡居民三百人到宜兰县议会递交抗议书，抗议县议会通过促使六轻设厂案。

1987 年 11 月 26 日，宜兰分会到县议会大门前广场，邀请县议员公开表达对六轻设厂的看法，并展开接力演讲，教唱由"天黑黑"改编的"团结反六轻"歌曲。1987 年 11 月 29 日，环保联盟宜兰分会正式成立"反六轻专案工作小组"，表示"反六轻"行动仅是阶段性任务，并应同步推动生态保育、环境景观维护、公害防治等工作。

1987 年 12 月 13 日，陈定南与王永庆在"华视新闻追击"节目中就六轻设厂展开辩论，使"六轻案"跃升为全台性议题的环保运动。

1988 年 1 月 17 日，台湾环保联盟召集环保、妇女、教会、人权等团体召开反核联合会议，这是民间反核势力第一次结盟。

1988 年 3 月 6 日，"反核四"地方组织"盐寮反核自救会"成立。

1988 年 3 月 12 日，环保联盟首度到林务局抗议砍伐森林，25 日环保团体举办"森林上街头"游行活动。

1988 年 4 月 22 日，台湾环保联盟等三十个团体前往"立法院"陈情抗议，当场公布一份总计有 503 位大专院校联署签名的《一九八八反核宣言》。之后，多位反核人士前往台电大楼，展开长达 48 小时的"和平、禁食静坐抗议"。

1988 年 8 月 29 日，环保联盟宜兰分会联合全台其他七个环保团体，赴"经济部"与台电进行抗议，表达"反六轻"、反火电的决心，当晚在罗东镇举行游行活动。

1988 年 10 月 11 日，高雄县汕尾、中芸七村约二千名村民齐集林园工业区进行抗议。经过为期约 5 天的围堵与谈判后，双方在"经济部"参事陈丰义的协调下，最终以每人获得八万元作为补偿而达成协议。

1989 年 3 月，贡寮地区居民成立"环保联盟东北角分会"，期望透过与环保联盟的联结壮大反核力量。

四、少数民族运动

1983 年 5 月 1 日，台湾大学的少数民族学生创办《高山青》杂志。

1984 年 4 月 4 日，台湾"党外编辑作家联谊会"成立"少数民族委员会"，会址设在台北市新生南路三段。

1984 年 6 月，"少委会"先后在台北和高雄两地举办了"台湾山地问题演讲会"和"台湾山地文化座谈会"，专门探讨山地问题和山地文化的特色。

1984 年 6 月 20 日，"少委会"组建调查队赴海山矿难现场调查山胞遭受损失情况，并展开募捐。随后在 24 日，"少委会"在台北举办"为山地而歌"演唱会并进行募款，当天为海山死难山胞共募得 155000 新台币和 5000 美元。

1984 年 12 月 29 日，"台湾原住民权利促进会"成立。成立当晚，举行了名为"小米之宴"的少数民族除夕义卖晚会，筹得款项计 233500 元。

1985 年 2 月，"原权会"开始发行以"原住民"命名的会讯。

1985 年 7 月 15 日，《山外山》杂志正式创刊。

1987 年，发表"台湾原住民族权利宣言"。

1987 年 7 月，"原权会"与其他少数民族团体组成"台湾原住民还我土地联盟"。8 月，发起一场两千多人参加的还我土地运动。

1989 年 9 月，少数民族运动团体发起还我土地再出击游行，其口号为"土地是生命""土地是母亲"。

五、农民运动

1987 年 11 月，台湾中部地区果农组成了"山城区农民权益促进委员会"，并发表宣言谴责当局牺牲农民，呼吁农民团结起来争取权益。

1987 年 12 月 8 日，山城区农民与其他来自彰化、台中、苗栗和宜兰的三千余果农集体赴"立法院"和"行政院"请愿，抗议水果进口造成台湾本土水果价格惨跌。

1988 年 3 月 16 日，山城区农民权益促进会联合其他各地农民权益促进会共同发起反对农产品开放的抗议行动，约四五千果农前往"美国在台协会""国贸局"和国民党中央党部进行抗议。

1988 年 4 月 26 日，近五百名果农携带农具，分乘八十余辆农机车和卡车，手持布条标语、传单、看板及海报，前往"美国在台协会"、国民党中央党部和台北市警察局递交陈情书和抗议书。

1988 年 5 月 16 日，高雄县六百余名稻农包围省政府，要求省政府提前开办当地农民健康保险。请愿过程中与维持秩序的警察爆发了激烈冲突，造成多人受伤。

1988 年 5 月 20 日，云林县农民权益促进会联合其他各地农权会发起了"五二〇大游行"，共计数千名农民参与。

六、劳工运动

1984 年 5 月，台湾劳工法律支援会成立。

1984 年 8 月 1 日，"劳动基准法"颁布。

1987 年 8 月 1 日，"行政院劳工委员会"成立。

1987 年 11 月 1 日，工党成立，是台湾宣布"解严"后第四个登记的在野党。

1988 年 2 月 10 日，远东化织公司工会工人发动就地罢工。

1988 年 2 月 14 日，桃园客运公司司机将车辆全部停放在中坜保养场内，进行罢工。17 日中午公司致电工会，决定加发年终奖六千元，红利分配幅度不超过原来三倍。

1988 年 5 月 1 日，台铁联谊会发动全台性的铁路工人罢工，这是公营企业的首度罢工。

1988 年 8 月 10 日，苗栗县汽车客运公司产业工会会员在头份站埋锅造饭以示抗争，并有 80 余人前往"劳委会"陈情；8 月 23 日，30 余团体近 300 人前往"劳委会"抗议，经协调后劳资双方达成和解；后因双方对调职规定有分歧，造成 8 月 29 日全面停驶的局面。最终双方在省劳工处的调解下完成劳动契约的签订，司机于 30 日下午恢复行使。

1988 年 10 月 25 日，远东化织公司大多数工人在家欢度节日和观看传统客家民俗"平安戏"，远化的生产线关闭了 24 小时。

1989 年 3 月 29 日，劳动党成立，在党纲中明白宣示是主张社会主义的阶级政党。

1989 年 5 月 13 日，远化工会会员踊跃投票，以赞成的 1278 票同意无限期罢工行动。罢工从 5 月 15 日开始到 25 日工厂全面复工结束，共计 10 天。

七、无住屋运动

1989 年 6 月 11 日，"无住屋救援会"于师大综合大楼举行成立大会。

6 月 28 日，无壳蜗牛组织确立正式名称为"无住屋者团结组织"。

6 月 30 日，无住屋者团结组织参加《华视新闻广场》节目，与台大城乡王鸿楷、政大地政系张金鹗、台湾房屋方瑞生进行电视辩论。

7 月 9 日，无住屋者团结组织在台北车站及闹区发送《蜗牛主义宣言》。

7 月 17 日，无住屋者团结组织至台北市国宅抽签会场散发传单，邀请关心住宅问题的无壳蜗牛加入抗争的行列。

7 月 26 日，无住屋者团结组织正式向"内政部"提出申请，成立社团。

8 月 4 日，无壳蜗牛代表陆续拜会各政党（国民党、民进党、工党、劳动党）中央党部，请各政党年底勿推出与地产投机炒作挂钩的民代候选人。

8 月 12 日，"内政部"核准无壳蜗牛组织登记。

8 月 13 日，无住屋者团结组织于北市大同区公所，举办第一次会员联谊会。

8 月 20 日，无壳蜗牛至钱复家门口，邀请他参加忠孝东路夜宿活动。

8 月 25 日，无住屋者团结组织代表至"内政部"拜会负责人许水德，并要求制房租管制，并邀请许参加 8.26 夜宿活动。

8 月 26 日，无住屋者团结组织，举行忠孝东路夜宿活动，以理性而幽默的方式抗争。

8 月 27 日，各界称许 8.26 夜宿活动，是一次成功的城市抗争模式。联合报调查中心调查公布：有八成以上民众知晓此一活动，六成以上民众表示支持。

9 月 13 日，无壳蜗牛智囊团正式成立，名称为"专业者都市改革组织"，结合了建筑、都市计划等等住宅相关的专家、学者。

9 月 24 日，无住屋者团结组织的与澄社合办"关心住宅座谈会"。

9 月 26 日，无住屋者团结组织于仁爱路国泰总部，进行三天夜宿露营活动，以抗议寿险业者炒作房地产。

9 月 28 日，无住屋者团结组织于中正纪念堂举行"百对无屋佳偶结婚典礼"，结褵 30 载的崔长英夫妇亦在列中。

9 月 30 日，崔妈妈在参加 9.28 婚礼后三天，因肺癌末期去世，蜗牛族将预备成立之小区租屋服务中心以"崔妈妈"命名，作为纪念。

10 月 15 日，无住屋者团结组织在瑞安公园举行记者会，正式成立"崔妈妈租屋服务中心"，初期办理免费租屋服务。

附录二　大里"反三晃"运动记事表

日期	事件	居民反应	行政作为	报道媒体
1981.8.4	—	—	县卫生局责令三晃于8月底前改善废气回收洗涤塔容积	—
1982.4.7	—	—	县卫生局涵省卫生处,三晃无法达到改善目标,请求对策	—
1982.4.18-19	剧毒农药原体容器被弃置溪中并燃烧,恶臭毒气四散	—	—	—
4月下旬	—	陈情书	—	—
5.24	—	—	卫生处环保局函	—
6.15	—	—	卫生处环保局函	—
6.27	药厂发生爆炸,浓烟冲天	—	—	—
8.12	盐酸气体外泄	—	—	—
8.17	排除酸性异味气体	—	—	—
8.28	—	—	省卫生处指示县卫生局督促尽速整改	—
10.15	—	9人请愿	—	—
11.22	—	—	卫生单位会同勘察	—
12.31	—	村民集体向"立法院"请愿	—	—
1983.1.18	—	12人向"经济部工业局"呈请愿书	—	—
1.28—29	—	居民前往农药厂抗议	—	—

续表

日期	事件	居民反应	行政作为	报道媒体
1.30	—	12 人向省政府卫生处呈申复书	—	—
2.4	—	—	县卫生局复文：束手无策	—
4.26	—	四村代表向县长呈请愿书	—	—
4.28	—	一百多位村民前往县政府集体陈情	—	—
5.12	—	—	"中央"环保局召开空气污染防治检讨会	—
6.3	—	—	县议会决议通过 18 位村民请愿	—
7.22	—	—	—	联合报
9.23	—	村民向"内政部长"林洋港陈情	—	—
11.6	鼻炎、呼吸器官疾病和皮肤病居民病患增多	—	—	—
1984.3.7	—	—	省环保局答复：三晃正计划迁厂	—
5.12	毒气外泄	—	—	—
5.15	发生爆炸致华安社区 300 人集体中毒	—	—	—
5.16	—	华安社区召开社区会议	—	—
6.6	恶臭白色浓烟	—	—	—
7.9	—	—	"中央"环保局核查台 22 家农药厂	—

日期	事件	居民反应	行政作为	报道媒体
8.28	白、黑色恶臭浓烟	—	—	—
10.13	—	—	环保局公布废水废气不合格商场名单共计156家，未列入三晃	
11.中下旬	—	筹备"公害防备会"并召开筹备会议	—	—
12.8	—	—	—	自由时报
12.17	部分小学生因毒气侵害体力不支倒地	—	—	—
12.18	—	村长、校长、地方绅士向县政府社会科提交申请成立"吾爱吾村公害防卫会"	—	—
1985.1.1	—	—	省政府成立"台湾省农业药物毒物试验所"	—
1.2	—	—	—	中国时报
1.4	—	—	省环保局公布查验废水不合格厂商名单计183家，未列三晃	—
1.10	—	—	—	《前进广场》周刊
1.12	—	—	—	台视新闻
1.14	—	—	—	台视公司热线追踪
1.16	—	—	—	联合报
1.17	—	—	—	《前进广场》
1.19	—	—	—	联合报

日期	事件	居民反应	行政作为	报道媒体
3.5	—	—	省工矿检查委员会通报：全省农药厂无一完全合于规定，下令包括三晃在内的 6 家全部停工	—
26	—	—	省建设厅厅长在省议会报告，已于 1984 年建议"经济部"从速订颁"危险性工厂设置标准"	—
4.4	运输车翻覆，农药倾泻	—	—	—
4.8	—	1 农民向县检查站寄出检举书	—	—
4.17	恶臭气体外泄	华安社区 40 余人前往抗议	—	—
4.18	—	—	派出所召开协调会	—
4.19	—	—	—	中国时报
4.22	—	居民代表前往省工业局了解三晃迁厂实际情形	—	—
4.23	—	—	省环保局与工矿检查委员会勒令全省 6 家工厂停止使用异氰酸甲脂作为原料	—
4.26	—	—	—	台湾年代周刊
5.1	恶臭气体泄漏	住民前往抗议	警察局派 6 位警员到场防止冲突	—
1985.5	—	—	—	人间杂志

日期	事件	居民反应	行政作为	报道媒体
5.2	—	—	县政府社会科官员口头答复"公害防卫会"申请资料已送达审核；地方某治安单位主管电话警告华安社区某人，华安社区如再捣乱，将处理417殴打三晃公司守卫的滋事者	—
5.3	—	村民对协调会不抱希望	大里乡仁化派出所召开协调会	—
5.8	—	公害防卫会代表人拜访公害法学博士刘毓卿律师	—	—
5.9	机房发生火灾、爆炸，毒气外泄		—	—
5.10	毒气外泄	小学校长电话抗议	—	台湾年代周刊
5.11	—	1农民发现三晃私埋暗管	—	—
5.13	—	120人至三晃抗议，冲进厂房，破坏办公室	警察50余人到场	—
5.14	—	—	—	台湾日报报道513事件始末
5.15	—	召开筹备会，公开三晃暗管阴谋，照片提供给报社	—	—
5.16	—		省环保局派员查看	
5.17	—	公害防卫会出刊号外，居民欣欣雀跃	"卫生署长"指示、"中央"、省环保局长视察三晃，当场下令停工	—

续表

日期	事件	居民反应	行政作为	报道媒体
5.20	三晃日夜赶工，大量排放废水、废气	—	—	—
6.3	—	—	省卫生署检测出排放超标，决定停工处分	—
6.4	居民受毒气侵害，流泪不止	200 余人前往抗议，掀翻总经理办公室	雾峰分局局长率大批警察到场	
6.5	—	—	协调会，立下切结书，限定 1986 年 7 月 31 日前必须迁厂	—
6.7	—	—	县卫生局派员每晚监视三晃	—
6.19	—	—	县卫生局邀请"中央"、省环保局、建设厅、共检会及三晃开会协商	—
6.28	—	—	县农田水利会派专员勘察附近村庄，化验出地下水已受严重污染	—
7.6	—	—	县农田水利会涵文县政府	—
7.22	—	—	省农林厅表示，除 2 中农药有微量残留，其余各种农药均无残留	—
8.4	—	—	县政府同意组织"公害防卫会"，但需更名为台中县公害防治协会	—
8.20	—	"台中县公害防治协会"发起人会议召开	—	联合报
8.26	三晃大量排放白色浓烟	居民代表电话请求相关部门协助	村民代表与县卫生局官员前往协调无果；"行政院"审查"毒性化学物质管理法"草案	—

日期	事件	居民反应	行政作为	报道媒体
8.30	—	—	县卫生局表示：只要达标，仍可生产	—
10.4	—	台中县公害防治协会召开筹备会议，草拟组织章程	—	—
11.19	长益农药厂发生强烈爆炸	—	—	—
11.21	—	台中县公害防治协会数位发起人前往附近的长益农药厂抗议	—	—
11.23	—	—	县政府对长益提出告发并勒令停工	—
11.26	—	台中县公害防治协会分别向"行政院院长"、省主席、台中县长寄出关于长益公司陈情书	—	—
12.18	—	中山医学院教师访问协会发起人，表示愿意帮助进行毒害研究	—	—
12.27	—	—	—	中央月刊
1986.1.10	—	居民16人向省环保局递交请愿书	—	—
1.16	三晃排放恶臭气体	—	—	—

日期	事件	居民反应	行政作为	报道媒体
1.22-2.1	—	—	县议员竞选候选人攻击三晃危害，批评当局处理失当	—
2.4	—	—	县政府答复民众陈情	—
2.24	三晃排放恶臭气体	—	—	—
3月初	三晃、长益不断排放有毒气体	—	—	中国时报；联合报
4.27	—	协会成立大会	—	—
5.3	—	中兴大学学生访问协会	—	—
5.8	—	协会受到各地捐款及入会申请	—	—
7.1	—	协会代表与省环保局、县卫生局等相关政府单位与三晃公司进行协商，三晃保障7月31日前停工	—	—
7.31	—	—	县长要求协会同意于8月3日停止活动	—
8.1	村民多家大门被三晃工人张贴恐吓字条	—	—	—
8.15	三晃工人打电话恐吓协会负责人	—	—	—

附录三　"反六轻"运动大事记

1986 年 10 月，王永庆告知陈定南。

1987 年 3 月 5 日，宜兰县议会通过罗国雄、林明昌议员的临时动议案——"欢迎台塑公司来宜兰设厂"。

4 月 11 日，台塑在台化龙德厂举行筹建六轻说明会，由董事长王永庆主持。县府提出两项要求：1.六轻防治污染的标准，应以设厂地区对公害承受能力作标准 2.台塑应从建厂总投资额中，提出相当额度比例的金额作为环境权利金，使地方政府能对受影响地区作补偿性建设。获王永庆允诺。

5 月 21 日，陈定南在县议会县政总质询中表示，对六轻设厂，县府是有条件的欢迎，有条件的反对；认为台塑应先改善其在宜兰既有的冬山电石厂和台化龙德厂的污染后，再进一步谈六轻设厂事宜。并公开怀疑台塑的诚意。

5 月 28 日，台塑在苏澳镇文化"国中"举办六轻建厂说明会，王永庆一再表示，要有百分之九十的民众赞成，他才会来设厂。

在争取民意的同时，台塑已向工业局申购利泽工业区计划，并于 1983 年开始征收开发，因地区勘选不当而荒废数年。

6 月 22 日，县府最速件函请"经济部工业局"，在县府未完成环境评估前，暂缓出售利泽工业区土地。

7 月 21 日，"经济部工业局"正式接获台塑集团承购宜兰县丽泽工业区的申请案，但建厂计划均为污染性之石化二次加工厂，不需环境评估等高污染制造业之审核程序。

8 月 6 日，台塑宴请"环保署环境影响评估审查委员"，"审查委员"拒绝参加审查。

9 月 29 日，台塑正式买下利泽工业区 280 余公顷土地，总价十八亿三千余万元。

对县府提出的设厂条件，台塑最初应允，但最后却欲拒绝依"泡泡理论"来核算六轻防治污染的标准，并称环境权利金为"环保勒索"（《台湾日报》，1987 年 8 月 1 日）

向六轻宣战：

陈定南建议以公民投票来决定六轻建厂与否，并请台大化环工所另行审查台塑所提之环境影响评估。反六轻人士经过近半年酝酿后，开始集结并筹组组织以进行抗争，"反六轻宣传系列"传单的散发，是反六轻的最初行动。

1987 年 10 月 5 日，陈定南与王永庆面谈，王表示愿意以五百亿的巨额投资作保证，如不能做好环保工作，愿意接受停工处分；陈则建议，举行全县公民投票，做一个公平的宣判。

10 月 25 日，环保联盟宜兰分会召开第一次筹备会议，推选工作小组。开始散发"反六轻宣传系列之——用投票打垮钞票"。

宜兰分会成立后，即密集开展抗争活动，包括更积极散发反六轻传单，联合后劲反五轻人士至宜兰披露受害现状，发动群众至"环保署""工业局"和县议会抗议等。

11 月 14 日，环保联盟宜兰分会在罗东镇正式成立，五十余位会员出席，讨论通过组织章程与年度工作目标，并选出第一届会长田秋董、副会长张纯淑，同时举办"从五轻看六轻说明会"，后劲反五轻居民五十余人到场现身说法。

11 月 20 日，宜兰分会发起冬山乡、壮围乡、五结乡、罗东镇乡民代表，宜兰县旅北同乡及旅北大专学生，进步妇盟宜兰分会筹备处百余人，到"环保署"抗议，表示坚决反对台塑设厂。

11 月 25 日，五结、冬山乡居民三百人到宜兰县议会递交抗议书，抗议县议会通过促使六轻设厂案。

11 月 26 日，宜兰分会到县议会大门前广场，邀请县议员公开表达对六轻设厂的看法，并展开接力演讲，教唱由"天黑黑"改编的"团结反六轻"歌曲。

11 月 29 日，环保联盟宜兰分会正式成立"反六轻专案工作小组"，表示反六轻行动仅是阶段性任务，并应同步推动生态保育、环境景观维护、公害防治等工作。

陈定南与王永庆在电视节目上的六轻辩论，使六轻案跃为全台性议题。陈定南开宗明义，县府基于三理由反对六轻：一是根据 1977 年经建会所拟之"台湾地区综合开发计划"，宜兰为粮食基地，宜发展地方型资源工业；另 1983 年"内政部"所拟之台湾北部区域计划，划定北部区域的石化区为桃园县，而非宜兰。其次是基于宜兰地形之封闭与特殊产业结构的考虑。王永庆只强调台塑六轻可达世界最严格的标准，且六轻会带动地方繁荣。陈则表示："台塑建厂前承诺都可推翻，对建厂后的承诺，教人如何相信？税收方面，货物税、印花税和所得税都是'国税'，县府对六轻只能征收到 4500 万元地价税及房屋税"。（《联合报》，1987 年 12 月 10 日）

　　"六轻辩论"是反六轻运动的一个重要里程碑，之前此运动被矮化为宜兰少数人情绪性为反对而反对，借由电视传媒利器，舆论反应转而支持宜兰县政府。

　　12月13日，陈定南与王永庆在"华视新闻追击"节目中，公开辩论。陈的三点理由：1.六轻设厂与宜兰未来发展角色冲突；2.宜兰地形封闭，污染不易扩散出去；3.宜兰渔业产值占农渔牧产值一半以上，海洋生态与渔业资源必须保护。

　　12月30日，宜兰县府委托台大环工所等就六轻环评进行查证及评论，综合结论认为有八项应继续或修正后再审议，另外八项则通不过。

　　1988年1月1日，东海大学三位宜兰籍学生在教授率领下，访问538位居民，进行六轻问卷调查。

　　1988年1月6日，"立委"黄煌雄以书面向"行政院"提出质询，认为从台湾整体规划到宜兰未来发展，都不宜也不应让台塑的六轻厂设在利泽工业区。

　　1月15日，东海大学学生公布六轻问卷调查结果，受访居民中64.7%反对六轻设厂，15.6%赞成。

　　1988年4月1日，台塑向"经济部"及"环保署"申请暂缓利泽案审查。

　　8月29日，环保联盟宜兰分会会合全台其他七个环保团体，赴"经济部"与台电抗议，表达反六轻、反火电的决心，晚上在罗东镇游行。

　　10月3日，台塑宣布放弃六轻在宜兰的设厂计划。

参考文献

一、史料

[1] [日] 村上直次郎原译、巴达维亚城日记 [Z]. 第一册 . 郭辉中译 . 台北：台湾省文献委员会，1989.

[2] 王乃信等译 . 台湾社会运动史 (1913—1936): 第一册·文化运动 [M]. 台北：创造出版社，1989.

[3] 王乃信等译 . 台湾社会运动史 (1913—1936): 第二册·政治运动 [M]. 台北：创造出版社，1989.

[4] 施信民主编 . 台湾环保运动史料汇编·第 1 册 [Z]. 台北县新店市："国史馆"，2006.

[5] 施信民主编 . 台湾环保运动史料汇编·第 2 册 [Z]. 台北县新店市："国史馆"，2007.

[6] 夷将·拔路儿主编 . 台湾 "原住民族" 运动史料汇编（上）[Z]. 台北县新店市："国史馆"，台北市："行政院原住民族委员会"，2008.

[7] 夷将·拔路儿主编 . 台湾 "原住民族运动" 史料汇编（下）[Z]. 台北县新店市："国史馆"，台北市："行政院原住民族委员会"，2008.

[8] 范雅钧编 . 战后台湾劳工运动史料汇编（一）劳工政策与法令 [Z]. 台北县新店市："国史馆"，2004.

[9] 范雅钧编 . 战后台湾劳工运动史料汇编（二）工会自主化 [Z]. 台北县新店市："国史馆"，2004.

[10] 范雅钧编 . 战后台湾劳工运动史料汇编（三）工运组织与工运事件 [Z]. 台北县新店市："国史馆"，2008.

[11] 薛月顺、曾品沧、许瑞浩主编 . 战后台湾民主运动史料汇编（一）：从

戒严到解严 [Z]. 台北县新店市："国史馆"，2000.

[12] 蒋"总统"经国言论集 [Z]. 第八辑，台北："中央日报社"，1987.

[13] 消费者文教基金会 . 消费者报道 [Z].1—10 期 .

[14] 台湾环境保护联盟会讯 . 台湾环境 [Z].1—6 期 .

[15] 联合报 [N].1980—1989.

[16] 中国时报 [N].1980—1989.

二、专著

[1] [美] 莫里斯等主编 . 社会运动理论的前沿领域 [M]. 刘能译 . 北京：北京大学出版社，2002.

[2] [美] 西德尼·塔罗等著 . 社会运动论 [M]. 张等文、孔兆政译 . 长春：吉林人民出版社，2011.

[3] [美] 查尔斯·蒂利 . 社会运动，1768—2004[M]. 胡位均译 . 上海：上海世纪出版集团，2009.

[4] 何明修 . 社会运动概论 [M]. 台北：三民书局股份有限公司，2005.

[5] Donatella della Porta,Mario Diani. 社会运动概论 [M]. 苗延威译 . 台北：巨流图书公司，2002.

[6] 赵鼎新 . 社会与政治运动讲义 [M]. 北京：社会科学文献出版社，2006.

[7] 林嘉诚 . 社会变迁与社会运动 [M]. 台北：黎明文化事业股份有限公司，1992.

[8] 张茂桂 . 社会运动与政治转化 [M]. 台北：业强出版社，1994.

[9] 张茂桂 . 郑永年编 . 两岸社会运动分析 [M]. 台北：新自然主义公司，2003.

[10] 萧新煌 . 顾忠华主编 . 台湾社会运动再出发 [M]. 台北：巨流图书公司，2010.

[11] 丘延亮编 . 运动作为社会自我教习：台湾社会运动读本（上册）[M]. 台北市：台湾社会研究杂志社，2008.

[12] 丘延亮编 . 运动作为社会自我教习：台湾社会运动读本（下册）[M]. 台北市：台湾社会研究杂志社，2008.

[13] 徐正光 . 宋文里合编 . 台湾新兴社会运动 [M]. 台北：巨流图书公司，1990.

[14] 何明修 . 萧新煌 . 台湾全志 · 卷九 · 社会志社会运动篇 [M]. 南投："国史馆"台湾文献馆，2006.

[15] 何明修 . 林秀幸主编 . 社会运动的年代：晚近二十年来的台湾行动主义 [M]. 台北：群学出版有限公司，2011.

[16] 李文 . 赵自勇 . 胡澎等 . 东亚社会运动 [M]. 北京：社会科学文献出版社，2009.

[17] 萧新煌 . 郑又平 . 雷倩等编 . 台湾的消费者运动——理论与实际 [M]. 台北：时报文化出版事业有限公司，1982.

[18] [美] 卡森 . 寂静的春天 [M]. 吕瑞兰、李长生译 . 上海：上海译文出版社，2011.

[19] 韩韩 . 马以工 . 我们只有一个地球 [M]. 台北：九歌出版社，1983.

[20] [英] 克里斯托弗 · 卢茨 . 西方环境运动：地方、国家和全球向度 [M]. 徐凯译 . 济南：山东大学出版社，2005.

[21] Tomothy Doyle and Doug McEachern. 政治与环境 [M]. 陈颖峰译 . 台北：韦伯文化事业出版社，2001.

[22] 何明修 . 绿色民主：台湾环境运动的研究 [M]. 台北：群学出版有限公司，2006.

[23] 萧新煌 . 台湾的地方环保抗争运动：一九八〇至一九九六 [M]. 香港：香港海峡两岸关系研究中心，2001.

[24] 萧新煌 . 我们只有一个台湾 [M]. 台北：圆神出版社，1987.

[25] 曾华璧 . 战后台湾环境史——从毒油到国家公园 [M]. 台北：五南图书出版股份有限公司，2011.

[26] 杨宪宏 : 公害政治学 : 台湾环境笔记 [M]. 台北 : 圆神出版社 ,1989.

[27] 林美挪 . 台湾的绿色灾难——台湾环保运动启蒙纪实 [M]. 台北：前卫出版社，1989.

[28] 张富忠 . 邱万兴编著 . 绿色年代：台湾民主运动 25 年（1975—1987）（上册）[M]. 台北：财团法人绿色旅行文教基金会，2005.

[29] 张富忠、邱万兴编著 . 绿色年代：台湾民主运动 25 年（1988—2000）（下册）[M]. 台北：财团法人绿色旅行文教基金会，2005.

[30] 台大学生杜邦事件调查团综合报告书 [M]. 台北：牛顿出版社，1986 年 .

[31] 王雅各 . 台湾妇女解放运动史 [M]. 台北：巨流图书公司，1999.

[32] 曹爱兰. 新时代台湾妇女观点 [M]. 台北：前卫出版社，1989.

[33] 邱为君编. 台湾学生运动（1949-1979）[M]. 台北县板桥市：稻香出版社，2003.

[34] 邓丕云 .80 年代台湾学生运动史 [M]. 台北：前卫出版社，1993.

[35] 黄铃华. 台湾"原住民族"运动的"国会路线" [M]. 台北："政府展望文教基金会"，2005.

[36] 田哲益. 台湾"原住民"社会运动 [M]. 台北：台湾书房出版有限公司，2010.

[37] 王嵩山. 台湾"原住民"的社会与文化 [M]. 台北：联经出版事业公司，2001.

[38] 李壬癸. 台湾"原住民"史 [M]. 南投：台湾省文献委员会，1999.

[39] 张国兴. 战后台湾劳工问题 [M].（上册）台北：现代学术研究基金会，1990.

[40] 张国兴. 战后台湾劳工问题 [M].（下册）台北：现代学术研究基金会，1990.

[41] 陈国钧. 台湾劳工新课题台湾 [M]. 台北：台湾地区劳资关系协进会，1986.

[42] 王义雄. 不流血的社会革命：我为什么要倡组工党 [M]. 台北：久博图书股份有限公司，1989.

[43] 廖正宏、黄俊杰. 战后台湾农民价值取向的转变 [M]. 台北：联经出版事业公司，1992.

[44] 陈慈玉主编. 地方菁英与台湾农民运动 [M]. 台北："中研院"台史所，2007.

[45] 徐正光. 萧新煌主编. 台湾的"国家"与社会 [M]. 台北：东大图书公司，1996.

[46] 萧新煌主编. 垄断与剥削：威权主义的政治经济分析 [M]. 台北：台湾研究基金会，1989.

[47] 沈宗瑞. "国家"与社会："中华民国"的经验分析 [M]. 台北县永和市：韦伯文化事业出版社，2001.

[48] 李允杰. 台湾工会政策的政治经济分析 [M]. 台北：商鼎文化出版社，1999.

[49] 袁方 . 社会学百科辞典 [M]. 北京：中国广播电视出版社，1990.

[50] 杨国枢 . 叶启政主编 . 台湾的社会问题 [M]. 台北：巨流图书公司，1991 年 .

[51] 王振寰 . 瞿海源 . 社会学与台湾社会 [M]. 台北：巨流图书公司 ,2003.

[52] 蔡勇美、章英华主编 . 台湾的都市社会 [M]. 台北：巨流图书公司 ,1997.

[53] 叶启政 . 台湾社会的人文迷思 [M]. 台北：东大图书股份有限公司，1995.

[54] 陈巨擘 . 社会学与台湾社会 [M]. 台北：巨流图书有限公司，2002.

[55] 高育仁 . 一九八八年台湾社会评估报告 [M]. 台北：台北市二十一世纪基金会，1990.

[56] 林美容 . 台湾文化与历史的重构 [M]. 台北：前卫出版社，1996.

[57] 杭之 . 迈向后美丽岛的民间社会（上）[M]. 台北：唐山出版社，1990.

[58] 杭之 . 迈向后美丽岛的民间社会（下）[M]. 台北：唐山出版社，1990.

[59] [美] 亨廷顿 . 第三波——20 世纪末的民主化浪潮 [M]. 刘军宁译 . 上海：上海三联书店，1998.

[60] [美] 塞缪尔·亨廷顿 . 变动社会的政治秩序 [M]. 张岱云、聂振雄等译 . 台北：时报文化出版企业有限公司，1994.

[61] [美] 曼瑟尔·奥尔森 . 集体行动的逻辑 [M]. 陈郁等译 . 上海：三联书店上海分店 ,1995.

[62] [美] 马斯洛 . 动机与人格 [M]. 许金声等译 . 北京：华夏出版社，1987.

[63] [美] 马斯洛 . 自我实现的人 [M]. 许金声等译 . 北京：生活·读书·新知三联书店 ,1987.

[64] 高宣扬 . 布迪厄的社会理论 [M]. 上海：同济大学出版社 ,2004.

[65] 台湾研究基金会 . 百年来的台湾 [M]. 台北：前卫出版社，1995.

[66] "985 工程" 台湾研究创新基地、厦门大学台湾研究院 . 台湾社会思潮变迁 20 年论文集 [C]. 厦门：厦门大学，2008.

[67] 黄俊杰 . 台湾意识与台湾文化 [M]. 台北：正中书局，2000.

[68] 李筱峰 . 台湾民主运动四十年 [M]. 台北：自立晚报出版社，1987.

[69] 刘国深 . 当代台湾政治分析 [M]. 北京：九州出版社，2002.

[70] 刘国深 . 台湾政治概论 [M]. 北京：九州出版社，2006.

[71] 彭怀恩 . 台湾政治发展（1949—2009）[M]. 台北县：风云论坛有限公

司，2009.

[72] 彭怀恩. 当代各国政体导读 [M]. 台北：台湾洞察出版社，1986.

[73] 彭怀恩. 台湾发展的政治经济分析 [M]. 台北：风云论坛出版社，1990.

[74] 中国论坛编辑委员会主编. 台湾地区社会变迁与文化发展 [M]. 台北：中国论坛杂志社出版，1985.

[75] 田弘茂. 大转型——"中华民国"的政治和社会变迁 [M]. 李晴辉、丁连财译. 台北：时报文化出版企业有限公司，1989.

[76] 文崇一. 台湾的工业化与社会变迁 [M]. 台北：东大图书公司，1989.

[77] 丁庭宇、马康庄. 台湾农村的社会经济生活——二十年的发展与变迁 [M]. 台北：巨流图书公司，1986.

[78] 何清涟. 现代化的陷阱：当代中国的经济社会问题 [M]. 北京：今日中国出版社,1998.

[79] 姜南扬. 台湾大转型——40 年政改之谜 [M]. 台北：克宁出版社，1995.

[80] 萧新煌. 变迁中台湾社会的中产阶级 [M]. 台北：巨流图书公司，1990.

[81] 严泉. 陆红梅. 台湾的中产阶级 [M]. 北京：九州出版社,2009.

[82] 金泓汎. 董玉洪. 林冈. 台湾的政治转型——从蒋经国体制到李登辉体制 [M]. 香港：香港社会科学出版社，1998.

[83] 孙代尧. 台湾威权体制及其转型研究 [M]. 北京：中国社会科学出版社，2003.

[84] 王作荣. 我们如何创造了经济奇迹 [M]. 台北：时报出版社，1978.

[85] 段承璞主编. 战后台湾经济 [M]. 北京：中国社会科学出版社，1989.

[86] 李振广. 当代台湾政治文化转型探源 [M]. 北京：中国经济出版社，2010.

[87] 黄煌雄. 从抗争到执政 [M]. 台北：崇丰印刷企业有限公司，1989.

[88] 范泓. 风雨前行：雷震的一生 [M]. 桂林：广西师范大学出版社,2004.

[89] [美] 陶涵. 蒋经国传 [M]. 林添贵译. 北京：新华出版社,2002.

[90] 杨国枢. 民主的重创与重创 [M]. 台北：允晨文化实业股份有限公司，1993.

[91] 杨泰顺编著. 政党政治与台湾民主化 [M]. 台北：财团法人民主文教基金会，1991.

[92] 蔡东杰. 台湾与墨西哥民主化之比较 [M]. 台北：风云论坛出版社有限

公司，2002.

[93] [美] 艾琳达 . 激荡！台湾反对运动总批判 [M]. 台北：前卫出版社，1998.

[94] 陈宗逸 . 型塑台湾人的精神——实践台湾人心灵重建的指南针 [M]. 台北：前卫出版社，2008.

[95] 俞可平等 . 中国公民社会的兴起与治理的变迁 [C]. 北京：社会科学文献出版社 ,2002.

[96] 于建嵘 . 岳村政治 [M]. 北京：商务印书馆 ,2001.

[97] 于建嵘 . 抗争性政治 [M]. 北京：人民出版社，2010.

[98] 萧新煌、张晓春、徐正光 . 怨、乱、序——一九八七台湾社会批判 [M]. 高雄：敦理出版社，1988.

[99] 高信疆、杨青矗 . 走上街头——一九八七台湾民运批判 [M]. 高雄：敦理出版社，1988.

[100] 徐正光、张晓春、萧新煌 . 自力救济——一九八六台湾社会批判 [M]. 高雄：敦理出版社，1987.

[101] 李鸿禧编 . 政治地壳变动——一九八七台湾政治批判 [M]. 高雄：敦理出版社，1988.

[102] 柏杨 . 是龙还是虫——一九八七台湾现实批判 [M]. 高雄：敦理出版社，1988.

[103] 林玉体 .1987 台湾教育批判：师生之吼 [M]. 高雄：敦理出版社，1988.

[104] 孟樊 .1988 台湾年度评论 [M]. 台北：圆神出版社，1989.

[105] 张广智 . 张广勇 . 现代西方史学 [M]. 上海：复旦大学出版社，1996.

[106] 王先明 . 走向社会的历史学：社会史理论问题研究 [M]. 开封：河南大学出版社 ,2010.

[107] 林仁川 . 明末清初私人海上贸易 [M]. 上海：华东师范大学出版社 ,1987.

[108] 林仁川 . 大陆与台湾的历史渊源 [M]. 上海：文汇出版社，1991.

[109] 林仁川、黄福才 . 台湾社会经济史研究 [M]. 厦门：厦门大学出版社，2001.

[110] 陈孔立主编 . 台湾历史纲要 [M]. 北京：九州出版社，1996.

[111] 李祖基 . 台湾历史研究 [M]. 台北：海峡学术出版社 ,2008.

[112] 杨彦杰 . 荷据时代台湾史 [M]. 南昌：江西人民出版社 ,1992.

[113] 陈小冲.日本殖民统治台湾五十年史 [M].北京：社会科学文献出版社,2005.

[114] 安然.台湾民众抗日史 [M].北京：台海出版社,2003.

[115] 杨碧川.日据时代台湾人反抗史 [M].台北县：稻香出版社，1988.

[116] 陈俐甫."日治"时期台湾政治运动之研究 [M].台北县：稻乡出版社，1996.

[117] 茅家琦主编.台湾三十年（1949—1979）[M].郑州：河南人民出版社，1988.

[118] 茅家琦主编.80 年代的台湾 [M].郑州：河南人民出版社，1991.

[119] [美] 丹尼.罗伊.台湾政治史 [M].何振盛、杜嘉芬译.台北：台湾商务印书馆股份有限 公司,2004.

[120] 戴宝村.台湾政治史 [M].台北：五南图书出版股份有限公司，2006.

[121] 李功勤.艰困与荣光——台湾政治发展史论 [M].台北：幼狮文化事业股份有限公司，2009.

[122] 马克思、恩格斯.马克思恩格斯选集 [M].第 2 卷.北京：人民出版社,1995.

[123] 夏铸九.空间，历史与社会：论文选 1987—1992[M].台北：唐山出版社，2009.

[124] [日] 若林正丈、松永正义、薛化元主编.跨域青年学者台湾史研究续集 [M].台北县板桥市：稻香出版社，2009.

三、期刊论文

[1] 冯仕政.西方社会运动研究：现状与范式 [J].国外社会科学,2003（5）.

[2] 何明修.当本土社会运动遇到西方的新社会运动理论 [J].教育与社会研究,2004（7）.

[3] 王美琴.马勇.社会运动的社会学解读 [J].广西社会科学,2004(4).

[4] 王瑾.西方社会运动研究理论述评 [J].国外社会科学.2006(2) .

[5] 何明修.文化、框架与社会运动 [J].台湾社会学刊,2004(33).

[6] 裴宜理.社会运动理论的发展 [J].阎小骏译.当代世界社会主义问题,2006(4).

[7] 张茂桂.20 世纪 80 年代台湾社会运动风潮与政治转化 [J].国家政策季

刊 ,1989（1）.

[8] 南方朔 . 台湾的新社会运动 [J]. 中国论坛，1986（269）.

[9] 赵刚 . 现代性、国家与社会运动 [J]. 当代，1989（35）.

[10] 李筱峰 . 知识分子与政治革新运动 [J]. 中国论坛，1986（265）.

[11] 李美枝 . 台湾女权运动往哪里走 [J]. 中国论坛，1987（278）.

[12] 顾燕翎 . 女性意识与妇女运动的发展 [J]. 中国论坛，1987(275).

[13] 林小芳 . 当代台湾妇女运动体制化的困境 [J]. 现代台湾研究,2011（2）.

[14] 朱云霞 . 王玉珏 . 戒严时期台湾妇女运动的策略及其本土化特征探析 [J].
现代台湾研究，2011（2）.

[15] 马以工 . 妇女与环境保护运动 [J]. 中国论坛，1987(275).

[16] 中国论坛编辑部 . 当前社会中妇女问题之探讨 [J]. 中国论坛，
1982(155).

[17] 中国论坛编辑部 . 妇女运动蓄势待发 [J]. 中国论坛，1988(299).

[18] 蔡娟娟 . 台湾妇女运动的过去现在与未来 [J]. 中国论坛，1986(255).

[19] 周碧娥 . 性别体制、政经结构与妇女运动的多元化 [J]. 思与言，
1990(3).

[20] 李元贞 . 妇女运动的回顾与展望 [J]. 妇女新知，1986（53）.

[21] 何笑梅 . 台湾妇女运动初探 [J]. 台湾研究，1999（1）.

[22] 郑陆霖 . 台湾工运发展的结构困境 [J]. 中国论坛，1987（279）.

[23] 萧新煌 . 劳工、工会与知识分子三角习题的结与解 [J]. 中国论坛，1985
（227）.

[24] 李文朗 . 台湾劳工问题与社会政策 [J]. 中国论坛，1990（358）.

[25] 韦积庆 . 台湾工运的危机与转机：远东化织罢工事件的启示 [J]. 中国论
坛，1989（331）.

[26] 王振寰 . 国家机器与台湾石化业的发展 [J]. 台湾社会研究季刊,2000
（18）.

[27] 李碧玲 . 台湾的工会运动 [J]. 劳工研究，1989（97）.

[28] 萧新煌 . 台湾社会结构转型的再探索 [J]. 中国论坛，1986（248）.

[29] 李永炽 . 反对运动的精神形态 [J]. 中国论坛，1989（335）.

[30] 林嘉诚 . 台湾的社会变迁与反对运动 [J]. 中国论坛，1989（335）.

[31] 沈惠平 . 台湾中产阶级的现状分析 [J]. 台湾研究，2010（4）.

[32] 吴介民.反对运动与社会抗议的互动 [J].中国论坛，1989（335）.

[33] 何海兵.试析台湾新兴农民运动 [J].华东理工大学学报（社科版），2000（2）.

[34] 赵刚.五二〇事件——历史上与结构上的必然 [J].当代 1988（27）.

[35] 赵刚.论现阶段无住屋运动的理论与实践 [J].当代，1990（53）.

[36] 何方.人民顽斗主义：从无住屋组织的幽默风格谈起 [J].当代，1990（53）.

[37] 李丁赞.林文源.社会力的文化根源：论环境权感受在台湾的历史形成(1970—1986)[J].台湾社会研究季刊，2000（38）.

[38] 杜强.台湾环保运动研究 [J].现代台湾研究，2007（5）.

[39] 何明修.自主与依赖：比较反核四运动与反美浓水库运动中的政治交换模式 [J].台湾社会学刊,2003(30).

[40] 庄国土.闽南人文精神特点初探 [J].东南学术,1999(6).

四、学位论文

[1] 赖惠美.消费者保护运动及相关法令之研究——20 世纪 80 年代中期以后的发展 [D].台湾师大社会教育研究所硕士论文，1995.

[2] 吴厚子.台湾律师在社会运动中的角色——以消费者保护运动为中心 [D].台湾大学法律系研究所硕士论文，2006.

[3] 吴淑俊.在"报纸'消费者保护新闻'报道之研究"中，辅仁大学大众传播研究所硕士论文，1989.

[4] 刘华真.社运组织自我维持的逻辑——消基会、妇女新知个案研究 [D].台湾大学社会学研究所硕士论文，1993.

[5] 陈惠莲.我国现代妇女运动之研究 [D].东海大学社会学研究所硕士论文，1988.

[6] 曹淑凤.女性主义思想及妇女运动之研究 [D].台湾师范大学政治学研究所教育学硕士班学位论文，2006.

[7] 张静伦.颠簸质朴来时路——论战后台湾的女人、妇运与政府 [D].台湾大学社会学研究所硕士论文，1999.

[8] 范碧玲.解析台湾妇女体制：现阶段妇女运动的性格之研究 [D].台湾清华大学社会人类学所社会学组硕士论文，1990.

[9] 程建壬 . 社会运动的法制化——以"反雏妓运动"为例 [D]. 台湾清华大学社会学研究所硕士论文，1999.

[10] 林小芳 . 当代台湾女性参政研究 [D]. 福建师范大学博士论文，2007.

[11] 钟青柏 . 台湾先住民社会运动研究——以"还我土地"运动为个案分析 [D]. 台湾政治大学边政研究所硕士论文，1990.

[12] 林丽娟 . 环境问题及其保护运动之研究 [D]. 东吴大学社会学研究所硕士论文，1988.

[13] 潘惠伶 . 台湾反核四运动历程之政治分析 [D]. 台湾大学社会学院政治学系硕士论文，2007.

[14] 林长瑶 . 宜兰反六轻运动的社会学分析 [D]. 台湾政治大学社会学研究所硕士论文，1992.

[15] 李建昌 . 80 年代的台湾劳工运动——结构与过程的分析 [D]. 台湾大学社会学研究所理论组硕士论文，1998.

[16] 梁雅慧 . 战后台湾劳工运动研究（1945—2000）[D]. 台湾政治大学劳工研究所硕士论文，2002.

[17] 孙登贵 . 解严后台湾劳工运动之研究——以工会为中心 [D]. 台湾政治大学社会学研究所硕士论文，1991.

[18] 吴旻仓 . 台湾农民运动的形成与发展（1945—1990）[D]. 台湾大学农业推广学研究所硕士论文，1991.

[19] 潘俊英 . 台湾农民运动初探（1895—2005）[D]. 台湾师大政治学研究所硕士论文，2005.

[20] 廖美 . 台湾农民运动的兴盛与衰落——对二〇年代与八〇年代的观察 [D]. 台湾大学社会学研究所硕士论文，1992.

[21] 简慧桦 . 政府权力与农民抗争——以 1895 年至 20 世纪 80 年代台湾农民运动为例 [D]. 台湾大学政治学研究所硕士论文，1998.

[22] 吕秉怡 . 运动组织与组织运动——无住屋运动之资源创造与转化 [D]. 台湾大学建筑与城乡研究所硕士论文，1992.

[23] 许君如 . 无住屋者团结组织之参与行为的探讨——以相对剥夺的概念为架构 [D]. 政治大学社会学研究所硕士论文，1991.

[24] 李啸 . 民进党与台湾社会运动关系分析 [D]. 厦门大学硕士论文，2010.

[25] 邓文 . 雷震与战后台湾社会运动 [D]. 武汉大学博士论文，2010.

[26] 唐桦. 当代社会运动的兴起与意义 [D]. 厦门大学博士论文，2008.

五、英文文献

[1] Benenson, Robert. *Women and Politics*[R].Editorial Research Reports,1982(11).

[2] Bright, Charles and Susan Hariding. *State making and Social Movements: Essays in History and Theory* [M].University of Michigan Press,1984.

[3] Bruce Franklin.*From the movement toward revolution*[M]. New York: Van Nostrand Reinhold Co,1971.

[4] Cohen, Jean. Strategy or Indentity:New Theoretical Paradigms and Contemporary Social Movements[J].*Social Research*,1985(52).

[5] Crossley,Nick, *Making Sense of Social Movement* [M].Philadelphia:Open University Press,2002.

[6] Giddens. *Modernity and Self identity:Self and Society in the Late Modern Age*[M].Cambridge：Polity Press,1991.

[7] Goldstone,Jack A. *Revolution and Rebellion in the Early Modern World*[M]. Berkeley:University of California Press,1991.

[8] Gurr,Ted. *Why Men Rebel*[M].NJ:Princeton University Press,1970.

[9] Jeff. Goodwin, James M. Jasper. *ethinking social movements: structure, meaning, and emotion*[M].Lanham,MD.:Rowmanand Littlefield.2004.

[10] Huntington,Samuel. *Political Order in Changing Societies*[M].New Haven:Yale University Press.1968.

[11] Hsiao,H.H.Michael. Social Movements and Civil Society in Taiwan[J]. *Copenhagen Journal of Asian Studies*.VOI.ll,1997.

[12] James C. Davies. *When Men Revolt and Why*[M].NY:Free Press,1971.

[13] Klandermans,Bert.*The Social Psychology of Protest*[M].Cambridge: Blackwell Publishers,1997.

[14] Kornhauser,William, *The Politics of Mass Society*[M].New York: Free Press,1959.

[15] Melucci,Alberto, *Challenging codes:colleetive action in the Information age*[M].Newyork: Cambridge University Press,1996.

[16] McCarthy,John D.and Mayer N.Zald. *The Trend of Social Movementsin America:Professionalization and Resource Mobilization.*Morristown,N.J:General Learning Corporation, 1973.

[17] Offe,Claus.New Social Movements:Challenging the Boundaries of institutional Politics[J].*Social Researeh,*Vol.52,NO.4. 1985.

[18] Roy, Denny.*Singapore,* China, and the "Soft Authoritarian" Challenge [J]. *Asian Survey* ,1994(34).

[19] Simon, Sherry.*Gender in Translation, Cultural Identity and the Politics of Transmission* [M].London and New York: Routledge,1996.

[20] Skocpol, Theda.*States and Social Revolution: A Comparative Analysis of France,Russia and China* [M]. Cambridge:Cambridge University Press,1979.

[21] Smelser, Neil. *Theory of Collective Behavior*[M]. Routledge & Kegan Paul Ltd,1965.

[22] Touraine, Alain. *The May Movement: Revolt and Reform*[M]. New York : Random House,1971.

[23] Tilly, Charles.*Popular Contention in Great Britain 1758-1834*[M]. NY:Harvard University Press,1995.

[24] Tilly, Charles. *From Mobilization to Revolution*[M].Addison-Wesley Publishing Company,1978.

[25] Tarrow, Sidney. *Power in Movement: Social Movement and Contentious Politics*[M]. Cambridge: Cambridge University Press,1998.

[26] Tarrow, Sidney.National Politics and Collective Action: Recent Theory and Research in Western Europe and the United States [J].*Annual Review of Sociology,*1988(14).

[27] Thomas B. Gold.*State and society in the Taiwan miracle*[M]. Armonk, N.Y: M.E. Sharpe, 1986.

[28] Touraine, Alan. The Importance of Social Movement [J].*Social Movement Studies,* 2002(1).

[29] Winckler, Edwin A.Institutionalization and Participation on Taiwan: From Hard to Soft Authoritarianism?[J].*China Quarterly,*1984(99).

六、参考网站、数据库

[1] 慈林教育基金会：台湾社会运动史料中心，http://chilin.typepad.com/myweblog/2006/09/post15.html.

[2] 台湾消费者文教基金会，http://www.consumers.org.tw.

[3] 台湾环境保护联盟，http://www.tepu.org.tw.

[4] 苦劳网，http://www.Coolloud.org.tw.

[5] "妇女新知基金会"，http://awakening.org.tw.

[6] 崔妈妈租屋服务中心，http://www.tmm.org.tw.